दिल से जागे जो ...शमा ...कलम की

ओजस्वी शर्मा

अब समुन्दर जैसा एक दिलचस्प किरदार बनाना चाहती हूँ ,

अन्दर तूफ़ान हो कितना भी ... मैं ख़ुद को शांत दिखाना चाहती हूँ|

---ओजस्वी शर्मा

क्रम-सूची

प्रस्तावना

इस किताब में प्रकाशित की गई रचनाएँ अपने आप में ही निराली हैं| इनमें दर्द, उम्मीद, ख़ुशी, सवाल, जबाब और कई रूहानी बातें है|

यूँ तो "शमा" मेरा पहला ग़ज़ल और शायरी संग्रह है लेकिन इसमें हर उस आग को काग़ज़ पर उतारा गया है जो हर आम इंसान, अपनी पूरी ज़िन्दगी में कभी न कभी तो महसूस करता है पर बयाँ नहीं कर पाता|

" शमा " अर्थात " मोमबत्ती ", जो अँधेरे में प्रकाश करके जीवन जीने की नई राह दिखाती है , उसी तरह इस किताब का उद्देश्य भी उन लोगों को सही राह दिखाना है जो कहीं न कहीं हिम्मत हार बैठे है , जिन्हें ज़िंदगी को अलग तरह से समझने की ज़रुरत है |

दर्द, ख्वाहिशें , मौहब्बत , नफ़रत , ईर्षा, त्याग और मोह जैसे कई खुबसूरत और डरावने अहसासों को मैंने इतनी कम उम्र में बहुत क़रीब से महसूस किया है | ये एक कोशिश है लोगों को समझाने की कि उनके साथ कभी जो हुआ था या अभी हो रहा है , वो जो महसूस कर रहें हैं ये सामान्य है |

यह किताब भरपूर है, जीवन के कई अहम अनुभवों से जो दुनिया को समझने के लिए फ़ायदेमंद होंगे|

--ओजस्वी शर्मा 'शायरीबेगम'

लेखक परिचय:

ओजस्वी शर्मा (शायरीबेगम) का जन्म मध्यप्रदेश के भोपाल जिले में 16 अप्रैल सन् 2002 को हुआ। इन्होंने अपनी बारहवीं तक की शिक्षा जवाहर नवोदय विद्यालय रातीबड़, भोपाल से पूरी की तथा आगे इंजीनियरिंग में दाखिला ले लिया। इन्होंने अपने लेखन की शुरुआत काफी कम उम्र में ही कर दी थी। पहली बार इनकी रचनाएं तब सामने आई जब इन्होंने सोशल मीडिया पर उनका प्रदर्शन किया।

ओजस्वी शर्मा (शायरीबेगम) की भाषा काफी सरल और प्रभावशाली है। अपनी गजलों, शायरियों, नग्मों और नज़्मों में उर्दू का हल्का स्पर्श देकर इन्होंने अपनी रचनाओं को अधिक रोचक बनाया है। इन्होंने अपनी कलम के माध्यम से इंसानी ज़हन में आने वाले हर उस विचार का बेबाक चित्रण किया है जो वह जुबानी बयां नहीं कर पाते। इनकी सभी रचनाएं हर उम्र के इंसान के लिए काफी प्रेरणादाई हैं।

1. अनुक्रम

ग़ज़लें

25. दुश्मनों और दोस्तों में फ़र्क पहचानने लगी हूं मैं
26. किस्मत की लकिरों में गरीबी थी जानती थी मैं
27. जिंदा होकर भी मुर्दा नाम है मेरा
28. खुद की खोज में खुद खो जाना मंजूर नहीं मुझको
29. कोई खूबसूरत हो कितना इस दिल में अब ठहरता नहीं
30. मेरी मशरूफियत मेरे कई रिश्ते तार-तार कर गई
31. पुराने ज़ख्मों का असर अब खत्म हो रहा है
32. निकाह के बाद गैरों से गुफ्तगू की आजादी कहां
33. पर मुझ में यह अच्छाई की नेवले कैसे पलते गए
34. क्या तुम दोनों की आजकल बात नहीं होती
35. अपने जख्मों से कामयाबी की शक्ल बना रही हूं मैं
36. अब उन्हें और भी ज्यादा चाहने लगे हैं
37. शराबी को बोतल और जाम से मोहब्बत हो जाती है
38. मेरी खिड़की पर उसके चेहरे का अक्स दिखता है
39. तभी तो गोरी राधा सांवले कृष्णा की दीवानी हो गई
40. नासमझी की उम्र में हुई गलतियों को जानती हूँ मैं
41. जुदा होकर भी मैं नज़दीकियां महसूस करती हूं
42. जो मेरे ख़्वाबों की हदें मेरी ज़ेब के वजन से तोतले हैं
43. खुदा है परेशान की किसको नवाज़ा वो ख़ास दोस्त मैंने
44. तेरी ये फ़िक्र ये अपनापन वो ग़ैर जिम्मेदार क्या समझेगा
45. जब रूबरू होगा वो जो अभी सिर्फ़ ख्यालों में आता है
46. अब ख़र्च किस पर करूँ मैं ये सारी दौलत
47. हुस्न-ए-हैरत मिली हमें भी हक़ीकत की हैसियत जानकर
48. आज बरसो बाद फिर उनका दीदार होगा
49. एक हमराज़ को उसी का राज़ बताने चले हैं
50. एक अच्छी ज़िंदगी की ख़ातिर हम कितनी दफ़ा मरते गए

नज़्में

1. बोलो गणपति बप्पा मोरिया
2. मुझे गर्व है कि मेरा हिंदुस्तान है वतन

3. हज़ारों खुशियां लेकर आती है यौम-ए-आज़ादी

4. तू शराब नहीं ,शराब तुझे पीती है

5. सच के लिए ना रुकने वाली आवाज़ थे अंबेडकर

6. काश! मेरा बचपन वापस आ जाए

7. इश्क़ का रोग

8. अब वो प्यार... नहीं रहा

9. किसी शायर की किताब है मेरा नवोदय

10. नहीं चाहते थे मुलाकात जिनसे

11. खामखां दुनिया वाले हम पर ये इलज़ाम लगाते हैं

12. ना इनकार कर पाती हैं

13. ये आंखें भी कमाल करती है

14. क्यों फिर उसी राह पर जा रही है ज़िंदगी?

15. आओ देश को 'सोने की चिड़िया' फिर बनायें

16. काश! उस सुबह में मर जाऊं

नग़्में

1. मोहे होली का लग गया रंग, अम्मा जी मैंने माफ करो

2. ओ राधा यह छलिया तो तोहे छोड़ जाएगा

3. मैं तेरी दोस्ती को भी निभाने लौट आया हूं

4.बरसों से खुद को संभाले रखा है

5. रब्बा मेरे अब तो बदल बरसा दो

6. मेरे देश को है ज़रुरत मेरी जाने दे मुझको

7. तू मोहे प्यार न करता बापू

8. बोलो! रब मेरे, अब मैं क्या करूँ

चुनिंदा अशआर और शायरियाँ

ग़ज़लें

<u>1.</u>

मेरी ग़ज़लें होंगीं तो कुछ ऐसी होंगीं ,

जिन्हें पढ़कर पत्थर दिल भी धड़कने लगे |

बातें जो उसमे होंगी तो कुछ ऐसी होंगी ,

जिन्हें सुनकर मन पंछी की तरह चहकने लगे |

दुनिया भर के मुख्तलिफ़ झगड़े ख़त्म हो जिससे ,

बड़े छोटों की और छोटे बड़ों की आरज़ू समझने लगे |

कुएँ के मेंढ़क बने लोग दुनियाँ को जाने जिससे ,

बाहर निकलने की तड़प लेकर वो भी फुदकने लगे |

की कलम ही बन जाये खुद अज़ीज़ दोस्त मेरी ,

मेरे दिल में जागे जो शमा, कलम से काग़ज़ पर दहकने लगे |

<u>2.</u>

तेरी चुभती बातों से ख़फ़ा नहीं हूँ बिल्कुल ,

घायल हूँ मैं तेरे देखकर भी बात न करने से |

इतना भी मत सता मुझे मौहब्बत में ज़ालिम,

दर्द खुद मना कर दे मेरे बदन में उतरने से |

हक़ मिले न मिले गहरी चोट अक्सर मिलती है ,

हर किसी की ख़ातिर किसी से भी लड़ने से |

नहीं मरता कोई किसी के ज़िंदगी में न होने से ,

मिला ये सबक़ हमें भी अब उनसे बिछड़ने से |

ख़ुद बचना सीखो कोई बचाने नहीं आता यहाँ ,

ज़ुल्म बढ़ता ही है अक्सर ज़ालिमों से डरने से |

शायद ख़ुश मिज़ाजी से क़लम नाराज़ है आपकी ,

दिल भर आता है मेरा आपकी ग़ज़ल पढ़ने से |

<u>3.</u>

उसके साथ ज़िंदगी के ख्वाब देखना बंद कर,

काग़ज़ पर अधूरे अल्फ़ाज़ फेकना बंद कर |

बंद आँखों से मौजूदगी का अंदाज़ा होता है,

तू हर मौसम में फूलों जैसे महकना बंद कर |

इश्क़ किया या दिमाग ख़राब कर लिया तुमने,

उसकी हर मीठी बात पर बहकना बंद कर |

मौहब्बत की आग में सारा जिस्म जल गया मेरा,

भला होगा तू भी उस पर आँखें सेकना बंद कर |

पार हो गई है सारी हदें भी अब शरमाने की,

तू इस तरह मुझे मुसलसल देखना बंद कर |

इंसान का दिल है किसी ख़त का लिफ़ाफ़ा नहीं,

कुछ पल रखना अचानक इसे फेंकना बंद कर |

<u>4.</u>

मेरे दिल और दिमाग पर कब्ज़ा जमाया है उसने ,

मैं पागल नहीं थी कभी पागल मुझे बनाया है उसने |

वाकिफ़ है मेरा दुश्मन मेरे किरदार की हर हद से ,

तभी शायद मुझसे दोस्ती का हाथ बढ़ाया है उसने |

तुम अम्बर से खुले हुए हो मैं समुन्दर सी गहरी हूँ ,

नीले रंग से हमारी मौहब्बत को सजाया है उसने |

कुछ नादान परिंदों में उसकी भी जान बसती थी ,

उनकी हिफ़ाज़त के नाम पिंजरा बनाया है उसने |

तितलियों को लुभाने के जिनके अलग तरीके थे

कई ऐसे फूलों को तोड़ मंदिर में चढ़ाया है उसने |

उस इश्क़ नाम के चोर को सज़ा होनी ही चाहिए ,

नजाने कितने मासूमों का बचपन चुराया है उसने |

दुनियाँ में इस तरह बदलते है कूड़े के दिन भी ,

कई बेकार अहसासों से शायर बनाया है उसने |

काग़ज़ सा बेरंग हो कर तेरे लफ़्ज़ों से संवर जाते ,

हम अपनी ग़ज़लों की विरासत तेरे नाम कर जाते |

एक आख़िरी ख्वाहिश अधूरी रह गई इस ज़मीन पर ,

हम टूट तो चुके थे काश तेरी बाँहों में बिखर जाते |

जो फ़सलों को बरसात सही वक्त पर मिल जाती ,

ये पतझड़ के मौसम भी आराम से गुजर जाते |

सादगी का बयान देती है मेरी सादा पोशाकी भी ,

जो सज के आते तो महफ़िल को नशा कर जाते |

शहर मैं छत के लिए बूढ़े पेड़ को कटवाना पड़ा ,

गाँव में होते तो उस बुज़ुर्ग की खातिर लड़ जाते |

ये रोग इश्क़ के हमारे दिल तक ही नहीं आते ,

अच्छा होता अगर तुम बचपन में ही मर जाते |

<u>6.</u>

अपने-अपने रास्तों पर चलने लगी है ,

सारे दोस्तों की ज़िंदगी बदलने लगी है |

सिर्फ़ दिल रखने बात करता है अब ,

कामयाबी उसके सिर चढ़ने लगी है |

उसका रंग क्या चढ़ा तेरी कलम ,

कितनी गहरी बातें करने लगी है |

मंजिल तक जाने की तलब है उसे ,

एक नदी पहाड़ से लड़ने लगी है |

तेरे शहर से आई हुई मिट्टी देखकर ,

कुम्हार की नियत बिगड़ने लगी है |

नफ़रत तो पाक है बरसो से सबकी ,

मिलावट तो इश्क़ में बढ़ने लगी है |

❧❧❧

<u>**7.**</u>

वक्त ने ठीक नही ख़त्म किया है मुझे

सिर्फ़ मैंने नहीं उसने भी जिया है मुझे ।

मौहब्बत थमती कहाँ है तड़पाने से भी ,

दर्द के साथ ज़ख्म -ओ-निशान भी दिया है मुझे ।

चाह कर भी उससे इंतकाम न लिया जायेगा ,

इतनी शराफ़त से उसने बर्बाद किया है मुझे ।

इन तमाम उलझनों में बस यही अच्छा हुआ,

एक कोहिनूर सा दोस्त उसने दिया है मुझे ।

पाबंदियों में गुनाहों का लुत्फ़ ही अलग था ,

उसे लेकर क्यूँ आज़ाद छोड़ दिया है मुझे ।

किसी भी नाकामी को दिल से नहीं लगाते हम,

हर चीज़ में उसने इतना नाकाम किया है मुझे ।

उनकी डांट में भी फ़िक्र महसूस होती है मुझे,

जिन्होंने इतना प्यारा नाम 'ओजस्वी' दिया है मुझे।

<u>**8.**</u>

हसरत थी मेरी सिर्फ़ तेरे दिल में पनाह पाने की ,

दिल की ज़रुरत होती तो सीने से निकाल लेती |

मासूम थी तभी दिल को तुम्हारे हवाले कर दिया मैंने .

तुम अगर अब मिलते तो इसे शीशे सा संभाल लेती |

मेरी दरिया सी मौहब्बत को किस पहाड़ ने रोका ,

बताते अगर तो शायद इसे पत्थर सा उछाल लेती|

डसने से पहले मुझे अपना ज़हर तो जताया होता ,

मेरी जान मर कर भी मैं तुम्हें आस्तीन में पाल लेती |

अपने जज़्बात तुम्हारी खातिर बढ़ाए ही नही होते मैंने ,

तुम्हारी रद्दी में मेरे ख़तों की शिरकत अगर जान लेती |

<u>9.</u>

बोतल बाद में अभी तो ये जाम बाकी है ,

मेरे साथ दिलबर जुड़ना तेरा नाम बाकी है|

ज़रा सा लहज़ा बदला तो हैरत में हैं वो ,

मेरी जान अभी तो पूरा इंतकाम बाकी है |

चींटियाँ रूकती ही नहीं रास्ता रोकने पर ,

शायद सर्दियों के खाने का इंतजाम बाकी है |

सनक ने इश्क़ की तबाह किया है लोगों को ,

अब मेरे पागलपन का मिलना इनाम बाकी है |

ज़रा नज़रें क्या फेरी तुम तो महफ़िल से जाने लगे ,

शुरूआत है ये दर्द की अभी तो पूरी शाम बाकी है |

<u>**10.**</u>

ख़फ़ा हो किसी से अगर तो नाराज़गी को जताया करो,

दमदार दुआएँ पाने के लिए, बुज़ुर्गों के आगे सिर झुकाया करो।

कोशिश करने वाले अक्सर आगे होते हैं क़ाबिल लोगों से,

निशान बनाने हैं जो ख़ुद के, पहले कदम बढ़ाया करो।

जब निकलो मंज़िल की ख़ातिर कुछ पत्थर ख़ुद हटाया करो।

किसी से राह पूछा करो, किसी को रास्ता बताया करो।

कुछ लोग घर में दाखिल होते ही मुफ़्त मशवरे देते हैं,

लड़की बड़ी हो गई है आपकी, इससे घर का काम करवाया करो।

जो सोचते हैं होता है आसान मामूली ज़ख्मों से ग़ज़ल बनाना,

ये मामूली ज़ख्म पाने के लिए पलकों से मिर्ची उठाया करो।

ताउम्र मुझ पर हज़ारों इल्ज़ाम लगे,

मेरे नाम के साथ और बहुत से नाम लगे।

मेरी रुसवाईयां होती रही सारे शहर में कुछ इस कदर,

कि पानी के गिलास भी लोगों को शराब के जाम लगे।

मेरी कामयाबी बर्दाश्त नहीं हुई जब इन लोगों को,

तो मेरी दौलत के पीछे भी उन्हें गलत काम लगे।

दरिया खुद ढूंढ ही लेता है पता समुन्दर का ,

क्यूँ बेवजह हमसफ़र रास्तों पर इलज़ाम लगे|

कुछ चाहने वाले आज भी पढ़ते हैं मेरी पूरी ग़ज़ल,

चाहे उसमें थोड़ा दिन लगे या पूरी शाम लगे।

<u>12.</u>

जब से अकेले जीने की आदत हो गई है,

लगता है हद से ज़्यादा शराफ़त हो गई है।

मेरा यह बदला रूप देखकर मेरी मां होती है खुश इतनी,

जैसे मुकम्म्ल बरसों से की हुई कोई इबादत हो गई है।

दिल अदालत सा हो गया है हर बात का सबूत मांगता है,

शायद मेरे मिज़ाज में शामिल थोड़ी सी बग़ावत हो गई है।

हवाओं की मुख़ालिफ़त ज़्यादा जलाती है चिरागों को ,

अब निखरने के लिए लाज़मी अदावत हो गई है |

यह भी हुआ फ़ायदा मेरे लफ़्ज़ों को काग़ज़ पर उतारने का,

मेरा सलीका-ए-गुफ़्तगू मेरी सबसे बड़ी ताकत हो गई है।

<u>13.</u>

समुंदर के प्यासे मुसाफ़िर पानी की सुराही क्या समझेंगे,

फ़ैसला सुना चुके है वह अपना अब मेरी गवाही क्या समझेंगे ।

जो मशरूफ़ हैं बरसों से दूसरों को नीचा दिखाने में,

वह खुद के गुनाह और मेरी बेगुनाही क्या समझेंगे।

जिन्होंने ताउम्र मौहब्बत की है सिर्फ दौलत और रुतबे से,

वो इश्क़ में किसी आशिक की हुई तबाही क्या समझेंगे।

फ़िज़ूल है करना यूँ अपनी चाहत का इशारा उनको ,

जो लफ्ज़ नहीं समझते वो तेरी बीनाई क्या समझेंगे।

जो सुनते नहीं किसी और का ग़म सिर्फ़ खुद का बताते हैं,

वह तेरी ग़ज़ल में मौजूद ग़म-ए-स्याही क्या समझेंगे।

<u>14.</u>

मेरी आँखों का दर्द नाप लेते हैं मेरे कुछ अपने,

कभी ग़लती पर तो कभी बेवजह डांट लेते हैं मेरे कुछ अपने।

मेरी ख़ामोशियों के पीछे के तूफ़ानों को सालों से देखा है उनने ,

इसलिए अक्सर मुझसे मेरे ग़म बाँट लेते हैं मेरे अपने।

समझते हैं वो मेरी मशरूफ़ियत की वजहों को बखूबी,

कभी मेरी बातों से तो कभी मुस्कानों से अपना दिन कांट लेते हैं मेरे अपने।

माना मैं भी नहीं हूँ मुकम्मल हर ख़ूबी से जहान की,

पर लाखों बुराईयों में से मेरी कुछ अच्छाइयां छाँट लेते हैं मेरे अपने।

<u>15.</u>

जिस तरह मोर साँप के पीछे शिकार के लिए दौड़ता है ,

सच झूठ के पीछे पड़ जाये तो जान लेकर ही छोड़ता है|

ख़ुद को सँभालने के कई रास्ते निकाल रखे हैं मैंने ,

कोई हर बार मुझे अलग-अलग तरीकों से तोड़ता है|

जब वही करता है साज़िशे दो दिलों को मिलाने की ,

ख़ुदा मौहब्बत करने वालों के रास्तें क्यूँ मोड़ता है |

मुझमें से हिम्मत कुछ इस तरह निकाली जा रही है ,

नीबूं लगाकर कोई गन्ने को जिस तरह निचोड़ता है|

कोई तिनका-तिनका जोड़कर एक घोंसला बनाता है,

कोई मुद्दतों तक किसी पेड़ के तने को फोड़ता है|

ये लिखने का शौक मेरा भला कैसे छोड़ दूँ मैं जब ,

हर शेर मेरा मुझे किसी तरह तेरी यादों से जोड़ता है |

<u>**16.**</u>

गलतियाँ छुपा कर गुनाहों का बीज बो देती हैं,

इश्क़ में आँखें अच्छे-बुरे की समझ खो देती हैं |

ज़्यादा काबिल लोगों से मैं अक्सर दूर-दूर रहती हूँ ,

नदी जो समुन्दर से मिले अपना वजूद खो देती है |

हर ख़ुशी कहाँ बयाँ हो सकती है मुस्कुराहटों से ,

शायद इसलिए बच्चों को देखकर माएँ रो देती हैं |

दोस्ती मौहब्बत से हर जंग में जीत चुकी यारों ,

ये बिना वजह खैरियत की दुआएँ सौ देती है |

एक साथ बहुत कुछ सोचने की आदत सी है मुझे ,

निगाहें काबिल हैं पर मंज़िल का रास्ता खो देतीं है |

<u>17.</u>

हर घड़ी घड़ी से फ़िसल रही है,

ज़िन्दगानियाँ सबकी बदल रही है।

वक्त के तमाम इम्तिहान है जारी ,

और ख़्वाबों की चादर पिघल रही है।

जिनकी खामोशियों को कमजोरी समझते थे लोग ,

वो लड़कियां हज़ारों पर आज भारी पड़ रही है।

हर कोई खोज रहा है गुमशुदा वफ़ाओं को,

बड़ी-बड़ी कंपनियां भी उधार पर चल रही है।

जुल्मिओं के ज़ुल्म कर रहे हैं तरक्की ,

हर शख़्स की नियत बदल रही है।

<u>18.</u>

खुलकर हंसा करो मेरे दोस्तों ,

चाहे सिर पर आपके हज़ारों काम होते हैं।

हंसकर जीने वालों के काम का क्या है,

वह तो दिन-रात सुबह-शाम होते हैं।

हर हालत में जीने का इरादा बनता है ,

ज़िंदगी से गायब मर्ज़ तमाम होते हैं ।

चार बातों से फ़र्क नहीं पड़ता उन्हें ,

बातों में भी शामिल खुशियों के जाम होते हैं।

उन्हें देखकर अक्सर यह दुनिया जला करती है,

तभी तो उनके सिर पर पागल होने के इल्ज़ाम होते हैं।

<u>19.</u>

जिस्म में होकर भी रूह पराई सी लगती है,

महफ़िल-ए- खुदाई में शिरकत के बावजूद तन्हाई सी लगती है।

मरीज़-ए-दिल अगर होते हम तो बात कुछ और ही होती,

हमें तो अपनों की नज़दीकियां ही खुद से जुदाई सी लगती हैं ।

आसमान छूने के लिए जमीन छोड़ना भी गवारा नहीं मुझको ,

सपनों की दुनिया कभी कत्ल-ओ-फ़र्ज़ तो कभी बेवफ़ाई सी लगती है|

काश मेरे पंखों को नहीं जकड़ती यह जात-ए-लड़की की हथकड़ियां ,

हुनर दिखाना भी लोगों को मुंह दिखाई सी लगती है ।

मैदान में उतरने भी नहीं देते मेरे अपने और कहते हैं बेहतरीन हूं मैं ,

उन्हें कैसे बताऊं कि मुझे ऐसी तारीफें भी रुसवाई सी लगती है।

<u>**20.**</u>

वक्त ना रुका है ना रुकेगा किसी के लिए,

ऐ मुसाफिर तू आगे बढ़ता चल।

जब तू चलेगा तो राहें मिलेंगी हज़ारों,

मुश्किल हो चाहे सही राह पर बढ़ता चल।

यह दुनिया है बड़ी बेरहम मांगने से नहीं कुछ मिलता यहां,

हक़ चाहिए अपना तो हक़ के लिए लड़ता चल।

छोटी सी भी हो खुशी तो खुल कर जी ले उसे ,

खुशी बढ़ाना हो तो बिना पंख भी तू उड़ता चल ।

मौत सब को आती है तुझे भी आएगी एक दिन ,

सुकून की मौत चाहिए तो अच्छे काम करता चल।

वतन से खूबसूरत ना है कोई हिफ़ाज़त कर इसकी,

हो ज़रूरी तो अपनी जान भी कुर्बान करता चल।

<u>21.</u>

अपने पुराने दिनों की वह सौग़ात याद आती है ,

मां मुझे आपकी कही हुई हर बात याद आती है।

मुश्किलों में पड़ी हुई है आज मेरी ज़िंदगी ,

मुझे आपकी हौसले भरी वह बात याद आती है।

आज भी मौत के सच से डरती हूं मैं मगर,

आपकी अपनों पर मर मिटने वाली बात याद आती है ।

ज़िंदगी सँवर चुकी है मेरी कहकर ,

हमारी ज़िन्दगानियाँ सँवारनें की वह बात याद आती है।

आज भी डरती हूं मैं इम्तिहानों से मगर ,

आपकी वह आशीर्वाद भरी बात याद आती है।

गिज़ा लेने में आज भी नख़रें करती हूं मैं मगर,

आपके हाथों की स्वाद भरी वह बात याद आती है।

दुनिया से कहती फिरती हूं बड़ी हो गई हूं मैं मगर,

आज की गोद में रोने की वह बात याद आती है।

कितना भी झूठ बोल लूं मैं दूसरों से मगर ,

सच तो यह है मां मुझे आपकी बहुत याद आती है।

<u>22.</u>

ज़िंदगी की अदा है, तेरी दोस्ती तो मेरे लिए खुदा है,

तुझे नहीं मालूम शायद पर तू सारी दुनिया से जुदा है।

कोई तेरी शक्ल पर, तो कोई तेरे दिल पर फ़िदा है,

मुझे तो पसंद तेरी दूसरों को समझने की अदा है।

हर हाल में साथ निभाती है मेरा यही तो गवाही-ए-वफ़ा है ,

मेरी आंखों का गुरुर भी तेरी दोस्ती की ही अता है।

मैं आफ़ताब सी गुस्सैल और तू महताब सी शीतल है ,

फिर भी बरसों से साथ है यही तो दोस्ती के निशां हैं|

साथ नहीं होती फिर भी तेरा अहसास हिम्मत देता है मुझे,

यही तो हमारी दोस्ती की ख़ासियत है ,ताकत है, वजह है।

<u>23.</u>

आंखों में नफ़रत लेकर दिल से मौहब्बत किया करते थे,

वो स्कूल के दिन भी अजीब थे जब हम तुम पर मरते थे।

आधा वक्त गुज़र गया पीछे मुड़ मुड़कर तूम्हें देखने में,

और जो आधा बचा उसमें तुम आगे बैठा करते थे।

रहते थे तुम मशगुल अपनी साइंस की किताबों में,

हम तुम्हारे चश्मे के पीछे छुपी आंखों को पढ़ा करते थे।

किस्मत में जुदाई है ये अहसास था मुझे पहले से ही,

फिर भी उम्मीद के साथ तुम्हारे इज़हार का इंतज़ार करते थे।

कभी मैं याद आऊं तो बेहीचक बातें कर लेना मुझसे क्योंकि,

आज भी वो चाहत है कायम, जैसे तुम्हें पहले चाहा करते थे।

<u>24.</u>

हर बात का कोई मतलब हो ज़रूरी तो नहीं है ,

तेरा इश्क़ मेरी ज़रूरत हो ज़रूरी तो नहीं है ।

हज़ारों दफ़ा आंखों में नफ़रत लेकर बात करती हूं मैं तुझसे ,

लेकिन मेरी यह नफ़रत हक़िक़त हो ज़रूरी तो नहीं है।

कुछ बातों पर कई बार चिल्ला देती हूं मैं तुझको,

मेरा चिल्लाना पैग़ाम-ए-बगावत हो ज़रूरी तो नहीं है ।

हां! नहीं आता मुझे बताना की है मुझे मौहब्बत,

इसका मतलब मुझे तेरी परवाह नहीं है ज़रूरी तो नहीं है।

<u>25.</u>

इस दुनिया की फितरत है कैसी जानने लगी हूं मैं ,

सही और गलत का फ़र्क अब पहचानने लगी हूं मैं ।

यूं तो बातें करती हूं मैं अधिकारों और आंदोलनों की लेकिन,

शोषण और पोषण की बातों में अंतर पहचानने लगी हूं मैं।

जो करते हैं सौदा चंद पैसों से सपनों का मेरे ,

उन सौदागरों की नियत पहचानने लगी हूं मैं।

आज तक तड़पी हूं जितना भी आसमां छूने के लिए,

उस तड़प के पीछे छुपे हाथों को पहचानने लगी हूं मैं।

खुश हूं लेकिन एक खामोश सा डर है मेरे दिल में,

ख़ौफ़ से सहमी धड़कनों को पहचानने लगी हूं मैं।

बदले की आग दहक चुकी है मेरे दिल-ओ-दिमाग में ,

अब दुश्मनों और दोस्तों में फ़र्क पहचानने लगी हूं मैं।

<u>26.</u>

किस्मत की लकिरों में गरीबी थी जानती थी मैं,

फिर क्यों बार-बार इसका एहसास दिलाया मुझे।

भीड़ हो या हो तन्हाई गम भरी,

हर हालत में खुद पर तरस आया मुझे ।

जब सब है बराबर तेरे लिए ओ खुदा ,

फिर क्यों छोटी-छोटी चीजों के लिए तड़पाया मुझे।

जिंदगी में मेरी शायद खुशियां कभी थी ही नहीं,

फिर क्यों हज़ारों पल तूने हंसाया मुझे ।

शायद तू चाहता था मेहनत करके आगे निकलूं मैं,

तभी तो हर एक हक़ के लिए लड़ना सिखाया मुझे।

आज दिन रात काम कर रही हूं मैं अपनों के लिए,

शायद इसीलिए गिरकर उठना तुमने सिखाया मुझे ।

यही तो होती है किस्मत हम गरीबों की जो ,

खुद से ही रुपयों ने कर दिया पराया मुझे ।

<u>27.</u>

ऊंचे सपने देखने का यही अंजाम है मेरा,

कामयाबी नहीं कत्ल-ओ-वफ़ा इल्ज़ाम है मेरा।

अब्बा ने बताया यह नहीं, रोटी बनाना बस काम है तेरा,

घर में ही रह, घर की इज्ज़त है तू, आखिर लड़की नाम है तेरा।

अम्मी कहती हैं यह दुनिया जहां सब दुश्मन है तेरे,

घर से बाहर निकल कर लड़ना इनके लिए ईनाम है तेरा।

ऐ ख़ुदा तूने तो नसीब में लड़की के बस दुख ही लिखा है,

सिर्फ लड़की हूं इसलिए तड़प कर मरना ही क्या मुकाम है मेरा।

आगे बढ़कर लड़को से नाम मैं भी कमा सकती हूं,

क्या सिर्फ मां, बेटी, बहन, पत्नी बस नाम है मेरा।

आज मैंने लड़कर सबसे सपने तो पूरे कर लिए हैं लेकिन,

अपनापन नहीं सिर्फ नफ़रत का जाम है मेरा।

अपने कहते हैं परिवार की रस्में तोड़ दी हैं मैंने,

मर गई उनके लिए मैं, चाहे पूरा जहान आज गुलाम है मेरा।

यही तो होता है मुकद्दर एक लड़की का जो.....

जिंदा होकर भी मुर्दा नाम है मेरा।

जिंदगी से सीखा सपने देखना मैंने लेकिन,

सपनों की दुनिया में जीना भी मंज़ूर नहीं मुझको।

आरज़ू है मेरी भी छूने की ये आस्मां लेकिन,

जन्म देने वाली जमीन को छोड़ना भी मंज़ूर नहीं मुझको।

खुद में ही तलाश रही हूं मैं न जाने किस को लेकिन,

तलाश रह जाए अधूरी ही यह भी मंज़ूर नहीं मुझको।

कभी-कभी होती है चिढ़ खुद से, लड़की क्यों हूं मैं लेकिन,

लड़की को कमजोर मानना भी मंज़ूर नहीं मुझको।

देश है आज़ाद और गुमी हुई है मेरी आज़ादी लेकिन,

उसे खोज कर भी ना पाना मंज़ूर नहीं मुझको।

अधिकारों की इस जंग में सिर कटा कर मर सकती हूं लेकिन,

सिर झुका कर जिंदगी जीना भी मंज़ूर नहीं मुझको।

मैं कौन हूं, क्या हूं, क्यों हूं, नहीं जानती मैं लेकिन,

खुद की खोज में खुद खो जाना मंज़ूर नहीं मुझको।

❧❧❧

<u>29.</u>

ख्वाबों की चिंगारी को हवा देने लगे हैं हौसले मेरे,

घर ही घर में रहने को अब ये दिल करता नहीं।

बढ़ती जिम्मेदारियों नें सिखाया है बख़ूबी बोलने का हुनर ,

अब अपने हक़ के लिए लड़ते वक़्त यह बंदा डरता नहीं।

हक़ ना जता अपनी मौहब्बत का इस कदर तू,

यह बेजान आशिक अब बेवफ़ाओ पर मरता नहीं।

तेरे इश्क़ से मिले लिखने के हुनर ने ऐसे मशहूर किया है हमें,

कोई खूबसूरत हो कितना इस दिल में अब ठहरता नहीं।

<u>30.</u>

बासी रिवायतों को पार कर गई,

मैं अपनी रुसवाईयों को गले का हार कर गई ।

और तब भी लगे इल्ज़ाम मुझ पर गलत राहें लेने के,

जब अपनी काबिलियत को मै दो से चार कर गई।

कई दफ़ा मिले मशवरे मुझे उनसे मौहब्बत ना करने के,

पर यह खता मैं एक नहीं सौ बार कर गई।

आगे बढ़ने की भूख ने कुछ ऐसा फसाया मुझे,

मेरी मशरूफ़ियत मेरे कई रिश्ते तार-तार कर गई।

31.

हर तकलीफ़ का सफर अब ख़त्म हो रहा है,

मेरे लिखने का हुनर अब ख़त्म हो रहा है।

जल्दी से कोई नई चोट दो मुझे लोगों,

पुराने ज़ख्मों का असर अब ख़त्म हो रहा है।

अब नहीं पढ़ते वो इतने तवज्जो से ग़ज़लें मेरी,

शायद लफ्ज़ों का कहर अब ख़त्म हो रहा है।

हर कोई हो रहा है शायर आजकल,

लगता है खुशियों का शहर अब ख़त्म हो रहा है|

<u>32.</u>

निकाह के बाद ग़ैरों से गुफ्तगू की आज़ादी कहां,

दिल का दर्द, मौहब्बत की रिवायतें बदलनी चाहिए।

मेरी हज़ारों ग़ज़लें, नग़में, नज़्में सब बेकार है,

मुद्दा है कि शायरियों से लैला बहलनी चाहिए।

मौहब्बत ही क्या जो आसानी से हासिल हो ,

मेरे महबूब से दूरी दुनिया जलनी चाहिए।

अलग सोच, अलग जुबान यहां नहीं चलेगी,

दुनिया के सांचे में शख्सियत ढलनी चाहिए।

लफ्ज़ों की तिजारत से बेहतर तो नहीं कुछ आता मुझे ,

यहां जिंदा रहना है तो कलम चलनी चाहिए।

सियासत के लिए दंगे करवाने वाले तो होते ही नहीं इंसान,

मज़हब हो कोई भी इंसानियत समझनी संभलनी चाहिए।

लड़कों की रात भी अपनी लड़कियों की हदें सिर्फ शाम तक,

अब घर से बाहर ये आफ़ताब के बाद निकलनी चाहिए।

❧❧❧

<u>33.</u>

इस तरह दुनिया के सांचे में ढलते गए,

उम्र बढ़ती गई और हम लिबास बदलते गए।

वहीं कागज, कलम और जज़्बात रहे लोगों के साथ,

लफ्ज़ों के कारोबार जहां में सदियों तक चलते गए|

मां को फंसाती रही दूसरे घर जाने की रियायतें,

रसोई में हाथ किसी मासूम बेटी के जलते गए |

वो हर सुबह का जोश, वह हर शाम की मायूसी,

हर रात बिस्तर पर कुछ ख्याल बेवजह मचलते गए |

कच्ची उम्र में नहीं बनते यूं ही पके लफ्ज़ गम के,

सुबह-शाम दिल को हम खोलते तेल में तलते गए |

बचपन की आदत है मेरी बुराई के सांप पालने की,

पर मुझ में यह अच्छाई की नेवले कैसे पलते गए|

<u>34.</u>

हर महफिल में काम की बात नहीं होती,

मंजिल पर घंटों भाषण और सफ़र पर बात नहीं होती।

जिंदगी बिताते हैं सब एक नौकरी की तैयारी में,

पर हुनर से पैसा बनाने पर बात नहीं होती।

इश्तिहारों से भरा है हर अखबार यहां पर,

बस खास खबरों की यहां पर बात नहीं होती।

लोग अक्सर यह पूछ कर मुझे खामोश सा कर देते हैं,

क्या तुम दोनों की आजकल बात नहीं होती?

35.

अब अपनी हर कहानी को ग़ज़ल बना रही हूं मैं,

अपने ज़ख्मों से कामयाबी की शक्ल बना रही हूं मैं।

जिंदगी के कुछ इम्तिहानों ने बड़ी बुरी तरह हराया है मुझे,

अब जो बाकी है उनके लिए एक खास नकल बना रही हूं मैं।

जिनने भी दिया हौसला मुझे वह सब अपने हैं मेरे,

अपने और अपनों के लिए एक बेहतरीन कल बना रही हूं मैं।

जैसे मुमताज की याद में खूब मशहूर हुआ शाहजहां यहां,

ऐसा ही एक रोज़गार का ताजमहल बना रही हूं मैं।

जो देते थे मुझे मशवरे हवा में ख्वाबों के किले न बनाने के,

आके देखे ज़रा आज हर एक ख्वाब को मुकम्मल बना रही हूं मैं।

<u>36.</u>

हर बात खुलकर बताने लगे हैं,

जब से हम ख़ुद को चाहने लगे हैं।

शुरू किया है काम जबसे अपना हुनर निखारने पर,

कई गैर भी हमें अपनापन दिखाने लगे हैं।

छोड़ा है जबसे दूसरों के लफ़्ज़ों की परवाह करना,

एक सुकून भरी जिंदगी हम बिताने लगे हैं।

एक वक़्त पर की खूब नफ़रत जिन लोगों ने हमसे,

वो आजकल सामने से ख़ुद हाथ मिलाने लगे हैं।

इस सफ़र में थोड़े और बिगड़ गए हैं हम यारों,

अब उन्हें और भी ज़्यादा चाहने लगे हैं।

<u>37.</u>

शराबी को बोतल और जाम से मौहब्बत हो जाती है,

दिवानों को महबूब के नाम से मौहब्बत हो जाती है।

काम की मशरूफ़ियत कुछ ऐसे सताती है लोगों को की,

घर में अपनों संग बीती शाम से मौहब्बत हो जाती है।

एक उम्र के बाद हर कोई तलाशता है मन की खुशी को,

किसी को अल्लाह तो किसी को राम से मौहब्बत हो जाती है।

जो समझ जाते हैं घड़ी जैसे हर वक़्त चलने का हुनर,

उन्हें कामयाबी और अपने काम से मौहब्बत हो जाती है।

इस तरह बार-बार कटघरे में खड़ा न किया करिए हमें,

इस बेगुनाह को आपके हर इल्ज़ाम से मौहब्बत हो जाती है।

<u>38.</u>

मेरी खिड़की पर उसके चेहरे का अक्स दिखता है,

न जाने क्यों खूबसूरत मुझे वो शख़्स दिखता है।

जब होते हैं रूबरू हम उनसे कभी इत्तेफ़ाक से,

हर वह लम्हा खुशियों का दरख्त दिखता है।

सहम जाती है धड़कने उन्हें उनसे गुफ्तगू करने में,

वो अंदर से मोम है बाहर से सख्त दिखता है।

किया है खड़ा हमें ज़िन्दगी ने यह कैसे दोराहे पर लाकर,

एक तरफ हमसफर दूसरी तरफ कामयाबी का तख़्त दिखता है।

<u>39.</u>

न जाने कितनों को याद उनकी जीवनी जुबानी हो गई,

कभी गीता तो कभी महाभारत की कहानी हो गई।

जिस माखन चोर की बंसी पर नाची हर गोपी,

जिस की भक्ति में मीरा की हर शाम सुहानी हो गई।

शरारतों से भरे एक साहसी बालक का रूप है जो,

मोर पंख जिनकी अलग निशानी हो गई।

गहरा है रंग मौहब्बत का हर रंग से ज़्यादा,

तभी तो गोरी राधा सांवले कृष्णा की दीवानी हो गई।

<u>40.</u>

नासमझी की उम्र में हुई गलतियों को जानती हूँ मैं ,

उस इश्क़ नाम के आतंकी को भी पहचानती हूँ मैं |

चंद लफ़्ज़ों में बयाँ हो सकती है यहाँ औकात तेरी ,

बुराई भी शराफ़त से करने का हुनर जानती हूँ मैं |

जात के नाम पर दंगे करने मैं नहीं आउंगी साथ तुम्हारे ,

हिंदुस्तान के मुकिब हर मज़हब को दिल से मानती हूँ मैं |

किसी काबिल का हक़ पहचान के खातिर कैसे छीन लूँ ,

मौहब्बत और सियासत में फ़र्क बख़ूबी पहचानती हूँ मैं |

मुस्कुराहटों के अपनेपन के पीछे कोई काम तो नहीं इसे ,

सबकी बेवजह मुस्कानों को कुछ इस तरह छानती हूँ मैं |

<u>41.</u>

जुदा होकर भी मैं नज़दीकियां महसूस करती हूं,

मैं अपने वतन में तब्दीलियां महसूस करती हूं।

वकालत यूं तो करती हूं मैं हर उड़ते परिंदे की,

मगर खुद में आजादी की तड़प महसूस करती हूं।

सुनती हूं मैं जब इन फौजियों की मौत की खबरें

तिरंगे में क्यूं शक्ल-ए- कफ़न को महसूस करती हूं।

दी जाती है जब मौत तड़प की मेरे लोगों को

बदन में क्यों तड़पती मछलियां महसूस करती हूं।

हूँ जब देती तिरंगे को मैं दिल-ए-जान से इज्जत

बड़ी काबिलियत और सादगी महसूस करती हूं।

वतन का मेरे एहसासों से है रिश्ता कोई वरना

वतन की मैं ही क्यूँ मजबूरियां महसूस करती हूं।

<u>42.</u>

अपने और परायों को रिश्तों के तराज़ू में ऐसे तोलते हैं,

हम सिर्फ़ पसंदीदा लोगों के सामने ज़्यादा बोलते हैं |

आँखों का ज़रिया पसंद है मुझे उससे गुफ़्तगू के लिए ,

हम दोनों बड़ी ख़ामोशी से दिल के राज़ खोलते हैं |

उनसे बातें हो करनी और पासवर्ड भूल गये हों फोन का ,

वैसे ही अब ख़ुदा भी इंसानों में इंसानियत टटोलते हैं |

ख़ामियां भी बता दें उसकी और उसे बुरा भी न लगे ,

कुछ इस तरह हम अब लोगों की तारीफ़ें बोलते हैं |

ऐसे लोगों से कुरबतें मुनासिब नहीं लगती मुझे अब ,

जो मेरे ख़्वाबों की हदें मेरी ज़ेब के वजन से तोतले हैं |

<u>43.</u>

आँखों में नर्मी होठों पर मुस्कराहट लेकर बात करते उसे मैंने देखा है,

मेहनत में रात को दिन और दिन को रात करते उसे मैंने देखा है |

नहीं समझते दर्द उसका अक्सर उसकी मुस्कुराहटों के घायल ,

पर अपनों के लिए टूटते, बिखरते, लड़ते, रोते उसे मैंने देखा है |

यूँ तो हज़ारों दीवाने पागल हैं उसकी एक झलक पाने की ख़ातिर,

पर किसी ख़ास का शिद्दत से इंतज़ार करते उसे मैंने देखा है |

वो मानती नहीं जब कहती हूँ मैं की ए दोस्त तू सबसे अलग है,

वो जो करता है नक़ल उसकी हर एक चीज़ की उसे मैंने देखा है |

रहती है हज़ारों उलझनों में अक्सर बिखरी ज़िंदगी उसकी,

पर मेरी हर तकलीफ़ में अपने पास बैठे उसे मैंने देखा है |

खुदा है परेशान की किसको नवाज़ा वो ख़ास दोस्त मैंने,

वो तलाश रहा जिस कोहिनूर को अपनी झोली में उसे मैंने देखा है |

<u>44.</u>

मत सुना उसे ये ग़ज़लें वो तेरी ग़ज़लों का सार क्या समझेगा,

प्यासे मुसाफ़िर के छालों का दर्द ये गाड़ी सवार क्या समझेगा |

जिसे चुभ जाती है हर छोटी से छोटी सच्ची बात तेरी,

वो तेरा साफ़ दिल, तेरा बेपनाह प्यार क्या समझेगा |

हर शोहरत मिली है जिसको चेहरे पर मुखोटे लगाकर,

वो तेरी सादगी तेरा ख़ुद्दारी भरा किरदार क्या समझेगा |

जिसके ज़हन में हर वक्त रहता है फ़ायदा और व्यापार,

वो अपनों की ताक्लिप उनका व्यवहार क्या समझेगा |

मत जोड़ रिश्ता उस बेदिल कमज़र्फ़ पत्थर से मेरे दोस्त ,

तेरी ये फ़िक्र ये अपनापन वो ग़ैर जिम्मेदार क्या समझेगा |

<u>45.</u>

मैं जानती हूँ हर वो बात तेरे दिल की जो तू सबसे छुपाता है ,

तेरे हर ख्याल से वाखिफ़ हूँ जो तो ख़ुद को भी नहीं बताता है |

सुना है मुसव्विर हो गया है लड़का खुबसूरत तस्वीरें बनाता है ,

दिल में छुपा है कोई चेहरा लेकिन काग़ज़ पर नही उतर पाता है |

दुनिया, मज़हब न जाने क्या क्या हदें उसने ख़ुद में बना रखी है ,

न कभी वो टूटती हैं और न कभी वो उनके पार जा पाता है |

दिल का हाल पूछो तो इश्क़ के नाम से इनकार करता है ,

पर हमें राज़ उसके धड़कते दिल का समझ आता है |

बख़ूबी जानता है वो भी रिश्तों में मुलाक़ातों के मायनें ,

सच है सिर्फ़ पौधा लगाने से वह पेड़ कहाँ बन पाता है |

जब भी जाता है वो सीचनें अपनी मोहब्बत उससे ,

गाल हो जाते है लाल जब उसके साथ वो पकड़ा जाता है |

आपका भी हाल कुछ ऐसा ही होगा 'ओजस्वी ',

जब रूबरू होगा वो जो अभी सिर्फ़ ख्यालों में आता है |

❧ ❧ ❧

<u>46.</u>

अब ख़र्च किस पर करूँ मैं ये सारी दौलत ,

एक उम्र गुज़र गई हालातों से लड़ते लड़ते |

बेशक़ गवाह है ये शहर भी उन नामदारों का,

जिनकी पहचान बन गई हमें बदनाम करते करते |

न जाने लोग कैसे हो जाते है इतने मशरूफ़ की ,

भुला देते हैं हर रिश्ता कामयाबी की सीढ़ियाँ चढ़ते चढ़ते |

इस ख़त की नर्मी खोल रही है इसके राज़ सारे,

किसी ने लिखा है इसे शायद बहुत ही डरते डरते |

सौतेले भाइयों की देखभाल के लिए ताउम्र शादी नहीं की ,

बोला वचन दिया है मैंने अपनी बूढी माँ को मरते मरते |

फ़क्र है मुझे उस पर की अपना फ़र्ज़ निभा रहा है वो,

ख़ुशी के आँसू है ये जो आये है इस ख़त को पढ़ते पढ़ते |

<u>47.</u>

हुस्न-ए-हैरत मिली हमें भी हक़ीकत की हैसियत जानकर,

अश्क़ बहाए उस अय्यार ने भी हमारी अहमियत जानकर |

हर जगह से इनकार मिला इस बात का ग़म नहीं है मुझे ,

लोग करते है कांच से मोहब्बत कोहिनूर की कीमत जानकर |

इस बंदगी से बेबसी भरा बयान दिया रिश्तों की अदालत में,

लगे इल्ज़ाम-ए-मोहब्बत मुझपर मेरे चेहरे की ज़ीनत जानकर|

तब से सजती हूँ जब भी सहमी सहमी सी रहती हूँ ,

खूबसूरती से डरती हूँ लोगों की हैवानियत जानकर |

हर बशर कर रहा है मेहनत खुदा होने की खातिर ,

और हम थक गए है ये खेल-ए-इंसानियत जानकर |

<u>48.</u>

आज बरसो बाद फिर उनका दीदार होगा ,

पता नहीं इज़हार, इकरार या इनकार होगा ?

क्या बदल गया उनका सादगी भरा किरदार होगा ,

क्या वो आज भी मेरे साथ उतना ही ईमानदार होगा ?

एक लम्बे अरसे से गुफ़्तगू भी नहीं हुई उनसे हमारी,

क्या अब भी उनकी बातों में शामिल वही प्यार होगा ?

इस बार की मुलाक़ात कैसे बेहतरीन होगी ,

ये दिल जी उठेगा या फिर से बीमार होगा ?

हज़ारों सवाल एक साथ चल रहे हैं दिमाग में मेरे,

अगर कोई गुनाह हो गया तो कौन ज़िम्मेदार होगा ?

ख़बर नहीं सिर्फ़ इश्तेहार है अख़बारों में आजकल,

न जाने किस काम से कैसे ख़त्म ये मेरा इंतज़ार होगा ?

<u>**49.**</u>

एक हमराज़ को उसी का राज़ बताने चले हैं ,

वो आज हमें उनका मोहताज बताने चले हैं |

जिस इश्क़ पर लिख चुके हम नज़्म हज़ारों ,

वो उसी मोहब्बत के हमे लिहाज़ बताने चले हैं |

आज दीवाने है लोग हमारी तशरीह-ए-मोहब्बत के,

लेकिन वो हमें सही-ग़लत अलफ़ाज़ बताने चले हैं |

हमें खुद ही नहीं पसंद जिन लोगों दे गुफ़्तगू करना,

वो कमज़र्फ़ आज खुद को हमसे नाराज़ बताने चले हैं |

नज़र अंदाज़ भी करिये उन लोगों को 'ओजस्वी ',

क्यूँ सबको आप अपना ये मिजाज़ बताने चले हैं|

<u>50.</u>

ज़िंदगी में हौले-हौले हाल -ए-दिन गुज़रते गए,

रिश्ते और ज़िम्मेदारियों के बसते बढ़ते गए |

न मंज़िल की ख़बर न रास्ता बताने वाला कोई,

ताउम्र हम एक धुँधले पहाड़ पर चढ़ते गए |

दुनिया से अलग चले तो रूसवाईयाँ मिली हज़ारों,

कुछ को भुलाते चले कुछ से रोज़ ही लड़ते गए |

हुए मशहूर कुछ जब अनजानी मंज़िल पर आकर,

कुछ नए रिश्ते बने कुछ पुराने बेवजह बिगड़ते गए |

खूब मिली इज़्ज़त और शोहरत इस अलग से हुनर से ,

चाहने वाले खूब मिले दुश्मन भी कतार में बढ़ते गए |

ये कैसा दस्तूर होता है दौलत, शोहरत, कामयाबी का भी,

एक अच्छी ज़िंदगी की ख़ातिर हम कितनी दफ़ा मरते गए |

नज़्में

<u>1.</u>

जो है सब के भाग्य विधाता,

मोदक जिनको बहुत है भाता।

रिद्धि-सिद्धि के हैं जो दाता ,

गौरी जी जिनकी हैं माता।

जिन्होंने मूषक को अपनी सवारी बना लिया,

बोलो गणपति बप्पा मोरिया।

एकदंताय नाम है जिनका,

दुखों को हरना काम है जिनका।

महादेव के राज दुलारे ,

देवों में हैं देव हमारे।

जिन्होंने शिव-गौरी का नाम रोशन किया,

बोलो गणपति बप्पा मोरिया।

गणपति है आने वाले,

सुख-समृद्धि लाने वाले।

सब की कुशलता चाहने वाले,

नया आरंभ कराने वाले।

हर भक्त को जिसने खुशनुमा जीवन दिया,

बोलो गणपति बप्पा मोरिया।

<u>2.</u>

किसी खामोशी में मीठी आवाज है वतन,

हर दिल में बसता गहरा राज़ है वतन।

हर अच्छी चीज़ में जाबाज़ है वतन,

सबके लिए खूबसूरत अल्फ़ाज़ है वतन ।

शायद किसी खुदा की कुरान है वतन,

मुझे गर्व है कि मेरा हिंदुस्तान है वतन।

हर हिंदुस्तानी के लिए अवतार है वतन,

हमारी भारत माता का श्रृंगार है वतन।

बिना पर्दे होने वाला चमत्कार है वतन,

हमारी दुनिया का शिल्पकार है वतन।

हर सच्चे फ़कीर की ज़ुबान है वतन ,

मुझे गर्व है कि मेरा हिंदुस्तान है वतन।

किसी शायर की खूबसूरत किताब है वतन ,

किसी गालिब का हसीन अंदाज़ है वतन।

गुमशुदा रहबर का प्यारा ख्वाब है वतन ,

किसी बड़े सवाल का सीधा जवाब है वतन ।

सारी दुनिया में सबसे महान है वतन,

मुझे गर्व है कि मेरा हिंदुस्तान है वतन।

<u>3.</u>

ज़बरदस्त नफ़ा लेकर आती है यौम-ए-आज़ादी,

फ़रमान-ए-वफ़ा लेकर आती है यौम-ए-आज़ादी|

कसमें हुब्ब-उल-वतनी की निभाती है यौम-ए-आज़ादी,

सबके दिलों में छा जाती है यौम-ए-आज़ादी।

ताईद-ए-जमारित निभाती है यौम-ए-आज़ादी,

हज़ारों खुशियां लेकर आती है यौम-ए-आज़ादी।

जागी थी आज ही हिंदुस्तान की आत्मा ,

पैदाइश नए मुल्क की, फिरंगियों का खात्मा।

वतन को मिला आज, आज़ादी का ताज,

गुलामी से दूर एक माकूल समाज।

आदमियत याद दिलाती है यौम-ए-आज़ादी,

हज़ारों खुशियां लेकर आती है यौम-ए-आज़ादी।

शहीदों की कुर्बानियों का नतीज़ा है,

गांधी, नेहरू ,आज़ाद का कलेजा है।

कितनों ने ही इसे अपनी जान गवांकर,

तिनका-तिनका करके सहेजा है।

गुमराहों को रास्ता दिखाती है योमे आज़ादी,

हजारों खुशियां लेकर आती है योमे आज़ादी।

यौम-ए-आज़ादी : ग़ुलामी से नजात का दिन, स्वतंत्रता दिवस

हुब्ब-उल-वतनी : देश-प्रेम, देशभक्ति | ताईद-ए-जमारित: लोकतंत्र की तरफ़दारी|

<u>4.</u>

मुश्किलें ही देना जिसकी नीति है ,

तू शराब नहीं ,शराब तुझे पीती है।

सुख है मेहमान कुछ दिन का, ग़म है साथी ,

इस बोतल से ना मिट पाएगा ।

ग़म है मिटाना तो खुशियां देख दीवाने,

इसके सहारे तू ना जी पाएगा ।

तू सोचता है गलत की शराब ग़म पीती है ,

तू शराब नहीं ,शराब तुझे पीती है।

कितने ही आशियाने उजड़े हैं इससे ,

कितने ही अपने - प्यारे बिछड़े हैं इससे ।

इससे ही है ज़िन्दा गुरुर -ए -तबाही ,

कितने ही बेज़ुबानों के दुखड़े हैं इससे।

दुनिया जहान के मर्ज़ इंसान को दे देती है,

तू शराब नहीं, शराब तुझे पीती है।

इससे अगर एक दिन तू मर जाएगा ,

बच्चों को अनाथ ,बीवी को विधवा कर जाएगा ।

दुनिया जहां में फिर वह कैसे जिएंगे ?

बाप का साया जो सर से उठ जाएगा ।

शराब तू पीता है और यह तेरे अपनों की हंसी छीन लेती है ,

तू शराब नहीं ,शराब तुझे पीती है ।

<u>5.</u>

आज़ादी के आसमान में तारे थे अंबेडकर,

एक महाराष्ट्रीयन मां के दुलारे थे अंबेडकर।

कितनों के लिए सहारे थे अंबेडकर,

कुछ भी हो चाहे हमारे थे अंबेडकर ।

कितने ही लोगों में नवाज़ थे अंबेडकर ,

सच के लिए ना रुकने वाली आवाज़ थे अंबेडकर।

हुई थी पैदाइश महाराष्ट्र में आज,

मिला जन्म और छोटा समाज ।

था वहां छूत-छात का रिवाज ,

अंबेडकर ने उठाई ख़िलाफ़ आवाज ।

ना बीतने वाला आज थे अंबेडकर,

सच के लिए ना रुकने वाली आवाज़ थे अंबेडकर।

छुआछूत ,नापसंदी और जातिवाद का जाम ,

इन सब को मिटाना था उनका सबसे बड़ा मुकाम ।

हर तरह की छुआछूत का किया उन्होंने काम तमाम,

आगे चल संविधान लिखा और किया मुल्क में नाम।

भारत माता की लाज थे अंबेडकर ,

सच के लिए ना रुकने वाली आवाज़ थे अंबेडकर।

हर इंसान को उसका सही ओहदा दिलाएंगे,

हम अपने वतन से जातिवाद मिटायेंगे।

हर दिन को एक नई शुरुआत मनाएंगे,

हम अपने वतन के लिए मर मिट जाएंगे ।

ठंडे पानी की सुराही थे अंबेडकर ,

एक खामोश सी गवाही थे अंबेडकर।

ऊंची उड़ाने भरने में जाबाज़ थे अंबेडकर ,

सच के लिए ना रुकने वाली आवाज़ थे अंबेडकर।

<u>6.</u>

ज़िन्दगी में वापस खुशियां छा जाए,

काश! मेरा बचपन वापस आ जाए।

जब बारिश देख पांव खुद ही उछल पड़ते थे,

जब एक चॉकलेट के लिए हम सब से लड़ पड़ते थे।

कच्ची रेत के घर बनाकर उनके नाम रखा करते थे,

जब हाथों में किताबें लेकर गलत-गलत पढ़ते थे।

फिर से बारिश की वही गुदगुदी छा जाए,

काश! मेरा बचपन वापस आ जाए।

मां की गोद में सो कर जब मैं लोरी सुनती थी,

पापा से रोज कोई नई फ़रमाइश करती थी।

भाई-बहन से, दोस्तों से फ़िजूल ही लड़ती थी।

घर हो या क्लास कितना शोर-शराबा करती थी।

फिर वही स्कूल वाले दिन छा जाएं,

काश! मेरा बचपन वापस आ जाए।

वह बेपरवाह सा जीवन कितना भाता था मुझको,

वह गुल्लक में पैसे जोड़ना खुशी दिलाता था मुझको।

वह नाच-गाना, धूम-चौकड़ी लुभाता था मुझको,

खेल-खेल में जीने में कितना आनंद आता था मुझको।

फिर से नाचूं मैं, पांव में घुंघरू आ जाए,

काश! मेरा बचपन वापस आ जाए।

अब गया मेरा बचपन मेरी हर खुशी लेकर,

हाथों में जिम्मेदारियां और सोचने की समझ देकर।

अब काम में उलझी रहती हूं मैं सुबह-शाम,

ज़िन्दगी कट रही है, वक़्त कर रहा है अपना काम।

वक़्त ये थम जाए, पीछे चला जाए,

काश! मेरा बचपन वापस आ जाए।

<u>7.</u>

मुझे याद है वह लम्हे...

जब हम पहली बार मौहब्बत की कश्ती में बैठे थे,

उस भोली सी सूरत पर, पहली नज़र में ही

दिल हार बैठे थे।

खामोश था वह इतना...

उसकी आवाज़ सुनने कान तरस जाते थे,

और जब वह बोले तो जैसे

मेरे रेगिस्तान से दिल पर मेघ बरस जाते थे।

कुछ तो खास था उसमें जो ये दिल

उस के ख्यालों में खो गया है,

और अब तो हालात ये हैं कि

उसे सोचे बगैर रहना नामुमकिन सा हो गया है।

आपकी कलम भी अब इश्क़ की बातें

लिखने लगी है 'ओजस्वी',

कहीं इश्क़ का रोग आपको भी तो नहीं हो गया है।

<u>8.</u>

दिमाग और यादों में बेशक

आज भी शामिल है तू,

पर इस दिल में अब

वो प्यार... नहीं रहा।

तू लौट आएगा तो शायद आज भी

खुशी से पागल हो जाऊंगी मैं,

पर तेरे लिए वह बेकरारी,

वह इंतजार... अब नहीं रहा।

तेरी छोटी सी चोट को आज भी

महसूस कर घबरा जाती हूं मैं,

पर मेरी मैयत पर तू आएगा...

यह एतबार अब नहीं रहा।

अब तुझे भूलने में काफ़ी हद तक

कामयाब हो गई हूं मैं,

मेरी आंखों में वह चाहत का इज़हार ....

अब नहीं रहा।

<u>9.</u>

इल्म का एक दरिया है मेरा नवोदय,

कामयाबी का एक ज़रिया है मेरा नवोदय।

फूलों का एक बाग है मेरा नवोदय,

आइंस्टाइन का दिमाग है मेरा नवोदय।

लाखों में लाजवाब है मेरा नवोदय,

किसी शायर की किताब है मेरा नवोदय।

दस्तूर -ए-नवोदय की हुई थी शुरुआत आज,

इल्म के लिए राजीव की थी यह नई आवाज़।

पहना था आज नवोदय ने कामयाबी का ताज,

यह दिन है खुशी का, तालीम का आगाज़।

रामानुजन का हिसाब है मेरा नवोदय,

किसी शायर की किताब है मेरा नवोदय।

कामयाबी, तरक्की और मेहनत का काम,

आगे बढ़ाना है इसका सबसे बड़ा मुकाम।

कहते हैं इसको वैसे तो तालीम का जाम,

हमेशा बढ़ाता है यह अपने देश का नाम।

स्कूलों में नवाब है मेरा नवोदय,

किसी शायर की किताब है मेरा नवोदय।

तालीम को उसका सही ओहदा दिलाएंगे,

हम देश में नवोदय का नाम बढ़ाएंगे।

हर काबिल बच्चे को उसकी मंज़िल दिलाएंगे,

हम अपने नवोदय को जन्नत बनाएंगे।

तरक्की का मौका है मेरा नवोदय,

सालिम अली का चौका है मेरा नवोदय।

एक खुशनुमा जवाब है मेरा नवोदय,

कितनों का हसीन ख्वाब है मेरा नवोदय।

मेरे दिल में सदा आबाद है मेरा नवोदय,

सच में किसी शायर की किताब है मेरा नवोदय।

<u>10.</u>

नहीं चाहते थे मुलाकात जिनसे ...

आज रास्ते में उन्हीं से टकरा गए ।

इससे पहले कि नज़रें मिलती,

दर्द-ए-दिल जाग उठा और आंसू आ गए।

ख़ैरियत पूछूं उससे या ,

शिकायतों का पिटारा खोल दूं,

नफरत की आग में भुला दूं उसे या ...

सब कुछ भुला कर फिर से नाता जोड़ लूं ।

कुछ सोच कर मैंने पलकें उठाई,

कुछ सोचकर उसने आंखें मिलाई ।

वक्त जैसे थम सा गया ..

निगाहें दे रही थी शिफ़ा-ए- दिल की गवाही ।

होश संभाला तो सारी तमन्नाऐं...

दबोच कर दिल में दफ़्न कर दी ।

वह अपने रास्ते चल दिया और ..

मैं अपने रास्ते चल दी।

<u>11.</u>

खामखां दुनिया वाले हम पर ये इलज़ाम लगाते हैं ,

कि हम दूसरों को देखकर तरह-तरह के चेहरे बनाते हैं।

एक मामूली से इंसान हैं हम ,

इतनी पहुंच कहां है हमारी ,

हम तो बस आईने की तरह खड़े होकर,

उन्हें उनकी असली सूरत दिखाते हैं।

गुस्ताख़ी माफ कीजिए पर इसमें मेरा क्या कसूर ...

अगर वह खुद की असली शक्ल देखकर,

इतना ज़्यादा चिढ़ जाते हैं।

<u>12.</u>

ना इनकार कर पाती हैं,

ना इज़हार कर पाती है|

ना दुनिया से छुपा पाती हैं ,

ना खुलकर प्यार कर पाती है।

अपनों के दर्द में दुःख तो होता है,

यह तो दूसरों को भी प्यार से समझाती हैं।

दोस्तों से तो लाज़मी है पर ,

यह दुश्मनों से भी हमदर्दी जताती हैं।

लड़कियों को समझना बहुत मुश्किल है ,

पर एक बात से दुनिया की कोई भी नस्ल,

इनकार नहीं कर पाती है ।

लड़की जिसको एक बार अपना मान ले ,

उसके लिए सारी दुनिया से लड़ जाती है।

<u>13.</u>

ये आंखें भी कमाल करती हैं,

ख़ामोश रहकर भी है हज़ारों बवाल करती हैं।

किसी ने उस रोज हमसे कहा था,

तुम चाहे कुछ ना बोलो फिर भी तुम्हारी आंखें,

बयां तुम्हारे दिल का हर हाल करती हैं।

किसी के लिए पलकों को उठने नहीं देती ,

लड़की होने का ख्याल करती है ।

तो किसी के लिए ख़ंजर सी उठती हैं,

और घायल उनका हर सवाल करती है।

सच में ये आंखें भी कमाल करती है,

ख़ामोश रहकर भी है हज़ारों बवाल करती हैं।

<u>**14.**</u>

क्यों फिर उसी राह पर जा रही है ज़िंदगी?

उलझ रही है ख़ुद में ही इस कदर की

समझ में नहीं आ रही है ज़िंदगी ।

क्या मैं इतनी कमजोर हूं सबसे?

ख़ुद से ही मुझको क्यूँ हरा रही है ज़िंदगी।

मेरे दोस्त मेरे हैं भी कि नहीं ,

क्यों ऐसे नज़ारे दिखा रही है ज़िंदगी?

क्या रंग रूप सुंदरता ही सब होती है ?

क्यों मेरी कलाओं को, खूबियों को

ठुकरा रही है ज़िंदगी?

क्या मुझे जीने का हंसने का

बोलने का कोई हक नहीं?

क्यों मेरी हर चीज़ छिनती जा रही है ज़िंदगी ?

क्या मैं आप जितनी समझदार नहीं हूं ?

क्यों मुझे समझ नहीं आ रही है ज़िंदगी?

कोई मुझे मेरे सवालों का जवाब क्यों नहीं देता ?

क्यों ?मुझसे क्या चाह रही है जिंदगी ?

आखिर क्यों फिर उसी राह पर जा रही है ज़िंदगी?

आओ जश्न-ए-यौम-ए-जम्हूरियत बनाएं,

तामीर मुल्क-ओ-क़ौम की फसलें उगाएं।

धर्म के नाम पर जो करते हैं बवाल,

शमा मौहब्बत की उनके दिलों में जगाएं।

भाईचारा, मुरव्वत, मसावात अपनाकर,

इम्तियाज़ी को अपने घरों से भगाएं।

मुल्क में बसते देशद्रोहियों को,

याद महात्मा गांधी की दिलाएं।

मुल्क की शान तिरंगे को,

सलाम करें और शीश झुकाएं।

जो चाहे छीनना देश को अपने,

उन्हें मौत की नींद सुलाएं।

'ओजस्वी ' के साथ तुम भी बोलो...

आओ देश को 'सोने की चिड़िया' फिर बनें।

❧ ❧ ❧

<u>16.</u>

मेरी तो बस यह दुआ है,

याद तुझे ना मैं आऊं।

हँसता रहे तू सदा ,

मैं तुझे भूल जाऊं।

मुड़ जाए हर रास्ता यूं ,

तुझसे कभी ना टकराऊं।

न तू रोए मेरी खातिर ,

ना मैं आ आंसू बहाऊं।

चैन भरी हो तेरी नींदे ,

ख्वाबों में भी ना मैं आऊं।

पर जिस शाम तू किसी और को चाहे,

काश !उस सुबह में मर जाऊं।

नग़में

<u>1.</u>

मोहे होली का लग गया रंग,

अम्मा जी मैंने माफ करो,

जो आज कर दूं तपस्या तोहरी भंग,

अम्मा जी मने माफ करो।

1) गोरे-गोरे तन पर है भीगी चुनरिया,

पुरवा उड़ाए खुशियों की बदरिया।

भरे-भरे रंगों की गिरे जो गगरिया,

दिल घबराए जागे नसों में बिजुरिया।

जो अम्मा घूमूं ना तुमरे संग,

खेलूं, तोड़ लूँ अपने अंग,

अम्मा जी मने माफ करो।

मोहे होली का लग गया रंग.....

2) दूर-दूर गांव से आई है सखियां,

होय ना खत्म करूं आज ऐसी बतियां।

उनके साथ लड्डू, भांग में चखियां,

पागल हो गया जाऊँ, नाचूं आज पूरी रतिया।

जो आज बाजे मन की सारंग,

नाचूँ , दिखलाऊं उल्टे ढंग,

अम्मा जी मने माफ करो।

मोहे होली का लग गया रंग.....

3) छोरी हूं गांवन की घूमूं लेकर गगरिया,

पायल छनके छन-छन, लचके ये कमरिया।

मैं चंचल, मेरी कच्ची सी उमरिया,

लग ना जाए मोहे आज, खुद ही की नजरिया।

जो छेड़ दूं आज कोई जंग,

प्यारी अम्मा करूं मैं तोहे तंग,

अम्मा जी मने माफ करो।

मोहे होली का लग गया रंग.....

अम्मा जी मने माफ करो।

<u>2.</u>

राधा-राधा कहता है दिन और रात,

माखन ही माखन की करता है बात,

यह चोर बड़ा है नटखट ,

द्वार पर करें खटखट ,

की माखन लेकर खुद की छवि छोड़ जाएगा|

ओ राधा ,ओ राधा ,ओ राधा

ओ राधा यह छलिया तो तोहे छोड़ जाएगा |

ओ राधा यह छलिया तो तोहे छोड़ जाएगा |

1) पनघट पर उसकी राहें देखे तू रोजाना ,

अम्मा से बनाती है रोज़ कोई नया बहाना |

है रोज़ उससे तू लड़ती ,

छोटी बातों पर झगड़ती ,

की झगड़ों से ही तुझसे हृदय वह जोड़ जाएगा |

ओ राधा ,ओ राधा ,ओ राधा

ओ राधा यह छलिया तो तोहे छोड़ जाएगा |

ओ राधा यह छलिया तो तोहे छोड़ जाएगा |

2) गोकुल में चर्चित है उसकी हर चोरी ,

तू तो है बरसाने की सीधी-साधी छोरी ,

यह अद्भुत लीलाएं दिखलाता ,

बंसी बजा कर मन बहलाता ,

की सरगम जैसे अपनी राहे मोड़ जाएगा |

ओ राधा ,ओ राधा ,ओ राधा

ओ राधा यह छलिया तो तोहे छोड़ जाएगा |

ओ राधा यह छलिया तो तोहे छोड़ जाएगा |

3) यह तो है लीलाधर, गिरधारी, ज्ञानी ,

एक नहीं यह तो रखेगा सोलह सौ रानी ,

थी कंस मामा की साज़िश ,

ये मथुरा का है वारिस ,

की क़समें वादे सारे तुझसे ये तोड़ जाएगा |

ओ राधा ,ओ राधा ,ओ राधा

ओ राधा यह छलिया तो तोहे छोड़ जाएगा |

ओ राधा यह छलिया तो तोहे छोड़ जाएगा |

<u>3.</u>

जिंदगी में मेरी वापस खुशियां लाया हूं,

मैं तेरी दोस्ती को भी निभाने लौट आया हूं|

1) दोस्ती को तेरी-मेरी ,

नज़र ना कोई लग जाए ,

ऐसी हो यारी अपनी की ,

मिसाल ही कोई बन जाए |

है दोस्ती में कुछ बदमाशियां ,

आवारा यारों की आवारिया |

चुराकर हर खुशी को मैं तेरे होठों पर लाया हूं ,

मैं तेरी दोस्ती को भी निभाने लौट आया हूं |

2) छोटी हो या हो कितनी बड़ी,

मुश्किलें सुलझाता है,

सही और गलत राहों में ,

फ़र्क मुझे बतलाता है |

यह दोस्ती अपनी है बेठिकाना ,

एक दूसरे का हमको है हाथ बटाना |

गिरा हूँ तेरे बिन हर पल आज उठने में आया हूं ,

मैं तेरी दोस्ती को ही निभाने लौट आया हूं |

3) उठे मेरे दोस्त पर जो ,

हाथ वो आकार तोड़ दूं ,

राह में जिस दोस्त ना हो ,

उस रास्ते को ही छोड़ दूं |

है दोस्ती की कुछ यूं बंदगी ,

अब तो यारों से है ज़िन्दगी |

भुलाकर हर हरे गम को तुझ में जीने में आया हूं ,

मैं तेरी दोस्ती को ही निभाने लौट आया हूं|

<u>4.</u>

तेरी अमानत दिल को माने रखा है ,

बरसों से खुद को संभाले रखा है |

1) वो तड़पते दिन आँखों में भीगती रातें ,

याद है बचपन की सब बेचैन मुलाकातें |

लफ्ज़ आँखों से मेरे होठों पर आ जाते ,

दफ़न था जो राज़ दिल में वो बता पाते |

बस तेरी खातिर आँखों में ताला रखा है,

बरसों से खुद को संभाले रखा है |

3) आईं काबिल मौहब्बतें राहों में भी मेरी,

लेकिन मेरी आँखों में सिर्फ़ तस्वीर थी तेरी |

नगमें होठों पर रुके पायल रहीं ठहरी ,

कर रहे काबू तेरी यादों के सब पहरी |

हर आशिक़ का प्यार किनारे रखा है ,

बरसों से खुद को संभाले रखा है |

3) आज पूरी होगी ये जनमों की कहानी ,

तू मेरा राजा बने मैं बनूँ तेरी रानी |

खुल रहा मौसम हुई हवाएँ दीवानी ,

सुन रहा जग दास्ताँ ये मेरी ज़ुबानी |

तुझको अपनी रूह में पाले रखा है ,

दिल में ज़ख्मों को छुपाएँ रखा है |

सिर्फ़ तेरी आग में जिस्म जलाने रखा है,

बरसों से खुद को संभाले रखा है |

बरसों से खुद को संभाले रखा है |

बरसों से खुद को संभाले रखा है |

<u>5.</u>

सुखी-सुखी धरती को कोई तो भीगा दो ,

रब्बा मेरे अब तो बदल बरसा दो |

1) नदियाँ खाली धरी हैं ,

धरती सुखी पड़ी है |

पेड़ों की पत्तियाँ हैं गायब ,

केवल लकड़ी खड़ी है |

खाली पड़े खेतों में फ़सल लहरा दो ,

सरगम कोयल की अब तो सुना दो |

सूखे पेड़ों पर हरे पत्ते कोई तो उगा दो ,

रब्बा मेरे अब तो बदल बरसा दो |

2) बच्चे गुमसुम हैं कबसे ,

कोई मस्ती नहीं है |

आ रहा हो पानी ऐसी ,

कोई बस्ती नहीं है |

हर बस्ती में थोड़ा-थोड़ा पानी दिलादो ,

शांत-शांत बच्चों को खेल खिलादो |

बुझेगी कब प्यास इनकी कोई तो बता दो ,

रब्बा मेरे अब तो बदल बरसा दो |

3) न आँखों में नमी है ,

न होठों पर हँसी है |

उपरवाले कैसी ये ,

दुनिया तूने रची है |

मौसम बना दो, थोड़ा रंग जमा दो ,

दुखियारों को थोड़ी खुशियाँ दिलादो |

घूँघरू पहनादो, मुझे कोई तो नचादो ,

रब्बा मेरे अब तो बदल बरसा दो |

रब्बा मेरे अब तो बदल बरसा दो |

<u>**6.**</u>

1) मेरे देश को है ज़रुरत मेरी जाने दे मुझको ,

अपने मुल्क की खातिर कम आने दे मुझको |

माँ तुझे याद मैं करुँगी, ज़्यादा बात न करुँगी ,

बस ये कहूँगी -

ज़ुबां तेरा नाम यूँही लेती रहेगी ,

जब तक साँसे नसों में रहेगी |

2) मेरे देश में हैं बहती जाने कितनी हीं खुशियाँ ,

झरने, पर्वत, ये जंगल और कितनी हीं नदियाँ |

माँ इन्हें आबाद मैं रखूँगी, और आज़ाद मैं रखूँगी,

बस ये सोचूँगी-

तब तक भूमि अमर ये रहेगी ,

जब तक साँसे नसों में रहेगी |

3) इंदिरा, झाँसी की रानी भी तो बेटी थीं ,

कैसे अंग्रज़ो की ख़बर लेती थीं |

माँ उन्हें भूल कैसे जाऊँ, जंग में पीछे हट जाऊँ,

बस ये बताऊँ -

तब तक जंग ये जारी रहेगी ,

जब तक साँसे नसों में रहेगी ।

4) माँ ! अब हो रही देर बहुत, लेले विदा ,

अब जाने भी दे मुझको, हो जाने दे जुदा ।

संदेशा तुझे फ़ौरन लिखूँगी, नाम तेरा रोशन करुँगी ,

फ़िलहाल ये कहूँगी-

तब तक बेटी ये लडती रहेगी ,

जब तक साँसे नसों में रहेगी ।

जब तक साँसे नसों में रहेगी ।

<u>7.</u>

तू मोहे प्यार न करता बापू ,

ओ मोहे प्यार न करती अम्मा |

छिड़को तुम जान इसी पर ,

पर ये तो है धरा निकम्मा |

1) तू मोहे अनपढ़ रखिया बापू ,

और भैया स्कूल जावें |

दिन-रात ही कम करूँ मैं ,

और अम्मा इसे सुलावें |

छिड़ जायेगी जंग आज बापू ,

छिड़ जायेगी जंग आज ताई |

कर देना माफ़ मुझे जो ,

करी मैंने इसकी कुटाई |

2) तुमरे लाड़ले नूं समझादो ,

न गुल्लक मेरी तोड़े |

मेरे साथ जो जावेगा तो ,

मेरी सखियों को न छेड़े |

ये छलिया है रे बापू ,

ये छलिया है रे मासी ,

मन करता है मिनटों में ,

दे दूँ मैं इसको फाँसी |

3) बिन भाई ही चंगी थी मैं ,

था मेरा भी सम्मान |

देते यदि पढ़ने मुझको ,

छूती मैं भी आसमान |

तू मोहे कम न समझ रे बापू ,

तू मोहे कम न समझ रे मामा |

चढ़ जाऊं जो एक वारी ज़िद पर ,

मच जावें शोर, हंगामा |

4) कह दो मोहे पढ़ने दोगे ,

कह दो मोहे बढ़ने दोगे |

खुशियों की बनी सीधी पर ,

मोहे ऊपर चढ़ने दोगे |

कहलाओगे तब तुम बापू ,

कहलाओगे तब तुम नाना |

जो भेजा न मने स्कूल ,

ये छूरी मार मोहे मर जाना |

ये छूरी मार मोहे मर जाना |

<u>8.</u>

1) आज मेरा खुद पर काबू नहीं है ,

ये खुशियाँ हैं मेरी कोई जादू नहीं है |

आज में आसमां मैं चाहती हूँ उड़ना ,

आज मैं मुश्किलों से भी चाहती हूँ लड़ना |

बोलो! रब मेरे, अब मैं क्या करूँ ,

लड़ूँ सबसे या उड़ती चलूँ ... |

2) वक़्त बदलता, शख़्स बदलते ,

काम बदलता, नाम बदलते |

नज़्म बदलती, लफ़्ज़ बदलते ,

बोतल बदलती, जाम बदलते |

बोलो! रब मेरे, अब मैं क्या करूँ ,

बदलूं खुद को या ऐसी रहूँ |

3) वादे झूठे , कसमें झूठी ,

लोग झूठे , दुनिया झूठी |

हुस्न भी झूठा , टशन भी झूठे ,

किस्से भी झूठे , कहानी भी झूठी |

बोलो! रब मेरे, अब मैं क्या करूँ ,

रहूँ झूठी या सच-सच कहूँ ।

उठूँ लड़ने या सहती रहूँ ,

ठहर जाऊँ या बहती रहूँ ।

सब याद रखूं या भूलती चलूँ ,

रहूँ गुमसुम या ताड़का बनूँ ।

बोलो! रब मेरे, अब मैं क्या करूँ ,

रहूँ चुप-चुप या बक-बक करूँ ।

बोलो! रब मेरे, अब मैं क्या करूँ ,

लडूँ सबसे या उड़ती चलूँ ... ।

चुनिंदा अशआर

(1)

बिना वजह दीवारें बनाना तो लोगों की आदत में है,

वरना क्या फ़र्क तेरे बुर्क़े और मेरे घूंघट में हैं।

(2)

उनके अलावा चलता नहीं अब तो दिमाग हमारा,

शौक ने इश्क़ के हमें बेदिमाग कर दिया है।

(3)

वह भी किसी इंजीनियर से कम नहीं थे 'ओजस्वी',

क्या इमारत हमारे दिल में... गर्मों की बनाई है उनने।

(4)

दुश्मनियों से तो तबाही की पुरानी रिश्तेदारी है,

अगर आज मैं तबाह हूँ, तो कल तेरी बारी है।

(5)

पहला निकाह कलम से, दूसरा तुमसे करूंगी,

तुम दोनों साथ रहोगे तो... लड़ोगे तो नहीं?

(6)

तरन्नुम-ए-तस्कीन का शोर होता है दिलों में,

जब काम वो करती हूं.. जो मुझे पसंद है।

(7)

नाज़ है मुझे तेरी निगाहों के इस नायाब नूर पर,

तेरे साथ अंधेरे में भी डर नहीं लगता मुझे।

(8)

मेरा इज़हार, तेरा इनकार, मेरा इंतजार, तेरा इकरार...

यही है इश्क़ की इब्तिदा से इंतिहा तक का सार।

(9)

बारिश-ए-मौहब्बत में कभी भीगेंगे हम भी,

यह जिम्मेदारियों का तूफ़ान ख़त्म तो हो।

(10)

मेरी ज़िंदगी में आजकल कुछ सिफार सा है,

ना नफ़रत है किसी से, ना कोई नाम प्यार सा है|

(11)

हमारी नहीं तो ख़ुद की बात का तो मान रखा कीजिए,

झूठ बोले... तो क्या बोला? यह याद भी रखा कीजिए।

(12)

कुछ बातों का अफ़सोस आज भी दिल को जलाता है

ये कैसा चिराग है जो सिर्फ़ जलता है बुझ नहीं पाता है |

(13)

यह दौलत, यह शोहरत सब इश्क़ की ही देन है 'ओजस्वी',

मैं उसी की निगाहों में आने के लिए दिन-रात मेहनत करती थी।

(14)

इतनी छोटी उम्र में इतने तजुर्बे दिए तूने मुझे ए मौला...

यह ज़िंदगी कम पड़ेगी इन सब को काग़ज़ो पर उतारने में|

(15)

अगर हो सकता तो उसे खुद में बसा लेती मैं 'ओजस्वी',

यह ज़माना जब करीब जाता है उसके तो मुझे अच्छा नहीं लगता।

(16)

बस उनकी यादों को याद करना ही याद रह जाता है,

उन्हें भूल जाने का तय किया था ये तो रोज़ ही भूल जाते हैं।

(17)

मैं गलियों से उसकी अक्सर नज़रें झुका कर निकलती हूँ,

उसकी शोहरत-ए-शराफ़त का बहुत एहतिराम है मुझे|

(18)

सरे आम लगे इल्ज़ाम उस पर बेवफ़ा होने के ,

किसी के झूठे लफ्ज़ों ने ज़िन्दगी उस की तबाह की है |

(19)

आज कुछ नए ख्यालो ने फिर मुझे फंसाया है,

लगता है मोहब्बत का दौर एक बार फिर आया है |

(20)

उड़े थे रंग हैरत से उन तमाम चेहरों के ,

मुद्दतों बाद कोई मसरूफ़ उनके पास बैठा है |

(21)

क़त्ल हुआ है जिसका उसकी कौन दे गवाही ,

अदालत भरी है सिर्फ़ क़ातिल के तरफ़दारों से |

(22)

किसी से करते है बेइंतिहा मौहब्बत और दोस्ती बताते है ,

लबों पर लफ्ज़ झूठे सही पर आँखों से झूठ कैसे दिखाते है |

(23)

इन कुर्बतों में कायनात तक का फासला दिखता है ,

पेशे से वो मुजरिम सही पर मुझे तो भला दिखता है |

(24)

सताया है कुछ इस कदर उसे इस बेदर्द ज़माने ने,

नाम मौहब्बत का सुन कर अक्सर सहम सी जाती है |

(25)

तवज्जो की नुमाइश है पैमाना हर रिश्ते का,

अपनों को वक़्त देना भी बहुत ज़रूरी है।

(26)

न जाने कितने पिंजरे तोड़े है मैंने...

तेरे कफ़स-ए-कल्ब में कैद होने की खातिर।

(27)

मेरे होठों पर आज भी ठहरे हैं कुछ नग़मे मौहब्बत के,

आज भी कुछ अधूरे ख़्वाबों ने आंखों में डेरा डाल रखा है।

(28)

ना लाज़मी है मर्ज़-ए -इश्क़ ना ही ज़रूरत है किसी बेइंतिहा दर्द की,

एक शायर की किताब काफ़ी है किसी दूसरे को शायर बनाने के लिए।

(29)

लबों से लफ़्ज़ों का, आंखों से सपनों का साथ छूटते हुए देखा है,

मैंने अपनी कई अज़ीज़ ख्वाहिशों को बहुत करीब से टूटते हुए देखा है।

(30)

खुशगवार नहीं है मौसम फिर भी नग़में मौहब्बत के गाते हैं,

वो पीठ पर वार करते हैं लगातार हम रिश्ता वफ़ा का निभाते हैं।

(31)

कुछ इस कदर किया है कब्ज़ा इन अश्कों नें मेरी आँखों में,

अफ़वाह फैल रही है शहर में की मेरी आँखें बचपन से ऐसी ही हैं।

(32)

गवाह है ये सारी कायनात राधा और मीरा के बेइंतिहा इश्क़ की,

तेरा एहसास काफ़ी है मुझे भी मौत तक का सफ़र तय करने के लिए।

(33)

काबिल-ए- तारीफ़ है उस इंसान का दिमाग भी 'ओजस्वी ',

जिसने मजबूरियों और नाकामियों को नाम किस्मत का दीया।

(34)

कमाल का तरीका था उनका भी आपका नाम लेने का।

कुछ पल तो मुझे लगा आप सचमुच उन्हीं की हो।

(35)

हुनर-ए-हैरत कुछ इस कदर सिखा दिया है ज़िंदगी ने की,

कोई प्यार से हाल भी पूछ ले तो महीनों तक सदमे में रहते हैं हम।

(36)

क्यों ना करूं मैं मौहब्बत अपनी रूखी ज़िंदगी से,

आख़िर दर्दों को काग़ज़ पर उतारना सिखाया है इसने।

(37)

एक मुद्दत के बाद मेरा मुहज़्ज़ब महबूब मुक़ाबिल है मेरे,

शायद इस मुन्तज़िर का मसला-ए-मौहब्बत मक़बूल हो गया है।

(38)

मजहूल मंजिले ही मक़बूल बनाती है मुसाफ़िरों को,

जिसे रास्ता पता हो अक्सर वह घर से देर से निकलते हैं।

(39)

भुला दी हमने वह तमाम स्याहियों की दुकानें,

किसी खास के ख्यालों से चलती है मेरी क़लम आजकल।

(40)

उसका लहज़ा-ए-गुफ़्तगू कुछ अलग है सबसे,

हर किसी के लिए दिल का दरवाजा नहीं खोलते हम।

(41)

तस्वीरों को तबस्सुम तो मामूली मुसव्विर फिर भी दे सकता है,

जो मुस्कान दे हर चेहरे को वैसा बनने का इरादा है मेरा।

(42)

मौहब्बत साथ लेकर पूरी शिद्दत से मेहनत भी रहे कायम,

तेरा मेरा नाम भी हो शामिल इस शहर के नामदारों में।

(43)

कब्रिस्तान की ज़मीन से होते हैं ये काग़ज़ 'ओजस्वी ',

अल्फ़ाज़ों से खोदती हूं इन्हें ख्वाहिशें दफ़नाने के लिए।

(44)

बस यह तो गलती है निगाहों की 'ओजस्वी',

कोई कहा हो सकता है वरना हुबहू किसी की तरह।

(45)

झुकते रहे हम जवानी भर इन रिश्तो का वजन उठाते हुए,

बूढ़े हुए तो पता चला उठाने का तरीका सुधारना चाहिए।

(46)

बड़ा नायाब है अंदाज़ उसके नाराज़ होने का भी,

मुझे गले लगा कर कहता है अब गुफ़्तगू नहीं करनी तुझसे।

(47)

खामोशियों में भी बरकरार है बरसों से...

मुझे फ़क्र है तेरे मेरे बेमकसद इश्क़ पर।

(48)

बिना वजह कोई आंख दिखाएं तो टकराना भी ज़रूरी है।

हुनर होना ही काफ़ी नहीं है हुनर है तो दिखाना भी ज़रूरी है।

(49)

बेशक रूबरू होगे तुम भी मौहब्बत की बरसातों से,

मैंने भी एक समुंदर बनाया है अपनी आंखों में ज़ख्म-ए-हालातों से।

(50)

अक्सर बड़े सलीके से वह मुझे मेरी खामियां बताते हैं,

कुछ लोग अभी भी है मेरी ज़िंदगी में जो मुझे अच्छा बताते हैं।

(51)

किसी ने ज़ख्मों को उसके आज और गहरा कर दिया,

बिना वजह ज्ञान बांटने वाले को गूंगा बहरा कर दिया।

(52)

अपनी कुछ क़ैद ख़्वाहिशों की जमानत करने जा रही हूं,

आज मैं अपने लिए अपनों से बग़ावत करने जा रही हूं।

(53)

कारनामों से ज़्यादा इल्ज़ामों ने मशहूर किया है,

खुशियों ने नज़र लगाई और दर्दों ने मशहूर किया है।

शायरियाँ

(1)

गुज़ारिश-ए-गुफ़्तगू का गुनाह करके...

बैठे हैं तेरे इश्क़ में ख़ुद को तबाह करके।

तुझे अपनी हर साँस की वज़ह करके,

ख़ता हुई हमसे दिल की बात बयाँ करके।

(2)

एक बार तवज्जो माँग कर...

हज़ारों तवक़्क़ो लगा बैठते हैं,

इश्क़ में अक्सर नाकामयाब होते हैं वो,

जो अपनी हदें भूला बैठते हैं।

(3)

एक तसव्वुर कामयाबी का हम अपनी आँखों में बसाए बैठे हैं..

तब से लोग बिना वजह अपने दिलों में आग लगाए बैठे हैं।

मेरे लिखने के हुनर ने तवज्जो की तलबगार बनाया है मुझे...

वो ख़ुद को उठाने की नहीं, मुझे गिराने की तलब लगाये बैठे है।

(4)

जो हम पर थोपी जाती है...

मैं उस सोच को नहीं पालना चाहती,

मैं अपनी अधूरी ख़्वाहिशों का बोझ,

किसी और पर नहीं डालना चाहती।

(5)

फ़ौज में जवानों से मुलाकात होती है,

मुशायरों में दीवानों से मुलाकात होती है।

बेवजह मज़हबी मुखोटे पहन रखे हैं जिनने,

मयखानों में उन इंसानों से मुलाक़ात होती है।

(6)

कर शुरुआत एक पौधे से...

एक दिन तेरा ख़ुद का बगीचा होगा,

काम किया है तूने पूरी शिद्दत से तो...

यकीन कर अच्छा ही नतीजा होगा।

(7)

बादल बरसे या आंखें...

खुशी बतानी हो या ग़म,

जब दिल से निकली बातों को...

अल्फ़ाज़ों में ना पिरोना हो,

ऐ दोस्त मुझे सबसे पहले

याद तेरी आती है।।

(8)

कि अपने ही पराए होते जा रहे हैं,

मेरी होशियारी और हाज़िर जवाबी को वजह बताकर।

अब तो वक्त ने भी मुझसे किया है अजीब सा सौदा,

मांग ली मेरी सारी मासूमियत तजुर्बों का दाम महंगा बताकर।

(9)

शौक अलग है दुनिया से मेरे,

आंखों में मौहब्बत से ज़्यादा तेज़ाब रखती हूं ।

मेरा हर दुश्मन भी इस बात से वाकिफ़ है ,

कि मैं दोस्त कम रखती हूं पर लाजवाब रखती हूं।

(10)

ज़रूरत नहीं उन्हें जताने की अपनी जिहालत,

जिनकी ज़ुबान हर जगह ज़रूरत से ज़्यादा चलती है,

और शायद यह भी एक वजह है मेरे मकबूल होने की

क्योंकि मेरे ऐसे लोगों से कभी नहीं बनती है।

(11)

'अदावत' हो किसी से तो भी...

उनका 'एहतिराम' करते हैं,

हम नहीं करते 'ज़लील' उन्हें..

ना ही उनके 'असरारों ' को नीलाम करते हैं।

(12)

हज़ारों टुकड़े हो गए दिल के पर ,

उम्मीद ने मौहब्बत की टूटने ना दिया।

गुस्सा तो बहुत थे उनसे हम मगर,

दिवानगी ने हमारी हमें लड़ने भी ना दिया।

(13)

अब समुंदर जैसा एक दिलचस्प

किरदार बनाना चाहती हूं,

अंदर से तूफ़ान हो कितना भी..

मैं खुद को शांत दिखाना चाहती हूं।

(14)

माना इश्क़ नहीं उसको मगर...

मैं तो फ़र्ज़-ए-मौहब्बत निभा दूँ

दिल पर पत्थर रखकर ही सही...

आज उसे उसके महबूब तक पहुंचा दूँ।

(15)

वक़्त की ठोकरों की ही देन है...

कि आज हम इस मुकाम पर खड़े हैं,

मुझे पढ़ने वाला हर शख़्स कह रहा है मुझसे...

आपके तजुर्बे आपकी उम्र से काफ़ी बड़े है|

(16)

मैं अक्सर बात नहीं करती तुझसे,

यह मत समझना कि यह नज़रअंदाज

करने की मेरी कोई अंदाज़ी आदत है।

असलियत तो यह है कि बातों के मामले में,

तेरी दोस्त आलसी बहुत है।

(17)

साबित करने अपनी बेगुनाही...

मैं खुदा को भी ज़मीन पर बुलवाऊंगी,

तू चाहे तो खरीद ले गवाह सारे,

पर गवाही मैं अपने हिसाब से दिलवाऊंगी।

(18)

मज़ा ही क्या उस इश्क़ में...

जो रुसवाई न करवाए 'ओजस्वी',

हम मर भी गए ज़माने की बंदिशों में तो भी...

हमारी मौहब्बत की तारीफ़ करेगा यह ज़माना।

(19)

नज़रें नहीं हटती उनसे...

हर बार पहली दफ़ा देखने वाला एहसास होता है।

इस जुर्म में तो हमारा इश्क़ भी बराबरी का गुनहगार है,,

वरना सिर्फ खूबसूरत होने से क्या होता है।

(20)

दुनिया के इरादे भुलाकर बिना वजह ही सजने लगते हैं,

हम ख्वाब देखते हुए भी नींद में ही हंसने लगते हैं।

कितना अजीब होता है ना... यह रास्ता मौहब्बत का,

एक अजनबी को हम अपना ही हिस्सा समझने लगते हैं।

(21)

खानदानी शायर तो मैं भी नहीं ,

काग़ज़ पर हौले-हौले स्याहियों के जाम भरती हूं।

मेरी तड़प पढ़कर अक्सर लोग यह कहा करते हैं ...

कि मैं आज कल शायरियों का नशा करती हूं।

(22)

मत लगाओ हज़ारों पाबंदियां मुझ पर ,

मैं जैसी हूं मुझे वैसे ही रहने दो।

यह ज़िंदगी मैंने आपसे उधार नहीं ली है ,

ज़िंदगी मेरी है ...मुझे मेरे हिसाब से जीने दो।

(23)

क़त्ल करते देखा है मैंने कई बार ,

उन्हें अपनी ख़्वाहिशों का दूसरों के लिए।

वजह पूछी तो बोले .....

लोग ऐसे क़ातिलों को मसीहा कहते हैं।

(24)

अपना गुस्सा किसको दिखा रहे हो?

जब पता है नहीं रह सकोगे तुम,उनके बिना .....

तो क्यों खुद को तड़पा रहे हो?

(25)

कामयाबी की बरसात हुई तो लिपटे...

वो लोग भी मेरे पैरों से गिली मिट्टी बन कर,

जो कल तक धूल बने मेरे सिर चढ़ने लगे थे।

(26)

अब तो तकिया भी परेशान हैं,

इन जुदाई की रातों में मेरी अंगड़ाइयों से।

कहता है तोड़ दे सारे रिश्ते,

कर ले मौहब्बत तन्हाइयों से।

(27)

अधूरे मिसरो का वास्ता हूं ,

पूरी होकर भी एक ना मुकम्मल सी दास्तां हूं।

रौंध रही है आज मुझे यह दुनिया कुछ इस कदर ,

जैसे सरकारी हुकूमत का मैं कोई रास्ता हूं।

(28)

ऐ किस्मत! तू हज़ारों दफ़ा रूठ जा मुझसे ,

हो सके तो धरने पर भी बैठ जा ।

लेकिन अब मैंने इरादा जो बना लिया है ,

तो कोशिशों से मैं इस्तीफ़ा कभी नहीं दूंगी।

(29)

कामयाबी का राज़ तुम्हारी आदतों में शुमार हैं,

बहुत आगे तक वही जाता है

जिसे अपने काम से प्यार है।

यूँ तो इस दुनिया में काबिलियत की भरमार है,

पर कामयाब वही होता है यहां

जिसे मेहनत करने का बुखार है।

(30)

डरते हो रुसवाईयों से तो.. मुझे अपना महबूब बता क्यों रहे हो,

चाहते नहीं कि दुनिया साथ देखे हमें तो इतना हक जता क्यों रहें हो,

यूं तो मुद्दतों तक नहीं करते.. तुम हमसे गुफ़्तगू ,

फिर आज मुझे ज़रा सी तकलीफ़ में देखकर..

यह सारी हदें खुद मिटा क्यों रहे हो।

(31)

यूं तो हर मौसम का एक नशा होता है,

बस लोग समझ नहीं पाते

भीगी बरसातें तो यूं ही बदनाम है... ,

हम तो गर्मियों में भी पकौड़े बड़े शौक से खाते हैं।

(32)

ज़मीनों की लड़ाई में दुश्मन ने,

झोली में अब मेरी मौत भर दी।

उसे लगा जैसे हार गई मैं...

पर उसने तो दो गज़ ज़मीन,

हमेशा के लिए मेरे नाम कर दी।

(33)

एक तो यह जात परेशान कर रही थी,

ऊपर से किसी की बात परेशान कर रही थी ।

हमने मिलने का समय सुबह का दिया था उन्हें,

पर फैसला बदलने के लिए कमबख़त .....

यह रात परेशान कर रही थी।

(34)

आख़िरी ख़्वाहिश है मेरी आऊं मैं भी,

तेरी जिंदगी में अब एक नई शक्ल लेकर।

मौहब्बत में बहुत तड़प लिए...

अब इंतकाम का इरादा है मेरा भी।

कहानी

ज़रा सोचिए अगर कोई ऐसी जगह या फिर ऐसा मुल्क हो जहां सिर्फ शायरियों या ग़ज़लों के इस्तेमाल से बातें की जाती हो । तो जी आपका अंदाज़ा सही है मैं आज आपको ऐसी ही एक कहानी सुनाने जा रही हूं जो आपने पहले भी कई बार सुनी है लेकिन आज उसका कुछ अलग ही अंदाज़ और लुत्फ़ होगा।

एक बार की बात है एक गांव था शायरानापुर और वहां का एक जंगल गालीबाबाद। एक बार एक खरगोश को दिल्लगी सूझी और उसने कछुए से कहा-

खरगोश: आ हो जाए एक दौड़ आज हवा की चाल से,

देखें किसमें कितनी ताकत कौन है आगे काल से ।

कछुआ: जानता हूं दी है अल्लाह ने तुम्हें कुछ खूबियां ,

ग़रज़ में जंग-ए-दौड़ की मत लगा चिंगारियां।

खरगोश: है मेरे पास मां की दुआओं का घना साया ,

यही एहसास मुझे हर डर से दूर रखता है।

कहीं ऐसा ना हो वैसा ना हो जो सोचते हैं ,

उनका यह खौफ़ उन्हें हर मंज़र से दूर रखता है।

कछुआ:(गुस्से में) हां लड़ूंगा मैं तेरे साथ आज इस जंग-ए-दौड़ में,

कभी तो तेरा गुरूर टूटे इसी बात की होड़ में।

बस फिर क्या ?मुकाबला शुरू हो गया और खरगोश अपनी तेज रफ्तार की वजह से आगे निकल गया और सोचने लगा कि-

खरगोश: आ रहा होगा वह कछुआ वही मंदी चाल में,

न जाने यहां पहुंचने तक होगा वह किस हाल में।

फिर उसने सोचा-

करूं मैं वक्त जाया उस मामूली कछुए के पीछे,

क्यों ना देखूं रंगीन सपने सोकर इस पेड़ के नीचे।

जब तक कछुआ वहां पहुंचा तब भी खरगोश सो रहा था। उसे देख कर कछुए ने कहा -

कछुआ: नहीं मिला है कुछ किसी को मारकर यू मक्कारी,

आज सो ले जी भर के तू कल हंसेगी तुझ पर दुनिया सारी ।

और वहां अपनी मंजिल की ओर बढ़ चला । जब खरगोश उठा और मंजर के लिए निकला वहां कछुआ पहले

से ही मौजूद था। उसे देखकर खरगोश बोला-

खरगोश: तूझे इस मुकाम पर देखकर हो गई है मेरी आंखें नम,

करता हूं मैं तुझसे वादा नहीं समझूंगा किसी को अब कम।

दोनों गले मिले और दोस्त बन गए।

सबक: किसी को खुद से कम नहीं समझना चाहिए।